Barbara Brüning, Florian Baum,
Daniel Nachtsheim und
Katrin Träger

Nachdenken lernen mit Kant

Materialien für die Klassen 5–12

Cornelsen

Zu den Autorinnen und Autoren:

Dr. phil. habil. Barbara Brüning war Professorin für Philosophiedidaktik in Hamburg. Sie ist Herausgeberin und Autorin zahlreicher Lehrwerke und Sachbücher für den Philosophie- und Ethikunterricht im Cornelsen Verlag.

Florian Baum ist Ethik-Lehrer, Fachleiter Ethik am Seminar für Aus- und Fortbildung der Lehrkräfte (GWHRS) Weingarten und am baden-württembergischen Zentrum für Schulqualität und Lehrkräftebildung (ZSL) Landesexperte Ethik der Seminare (Sekundarstufe I), Landesfachkoordinator Ethik (Sekundarstufe I) sowie Landesfachkonferenzvorsitzender Ethik.

Daniel Nachtsheim ist Lehrer für Philosophie, Geschichte und Politik/Gesellschaft/Wirtschaft an einem Gymnasium in Hamburg sowie Mitautor von Lehrwerken, Unterrichtsmaterial und didaktischer Literatur.

Katrin Träger arbeitete als Lehrkraft für Englisch und Ethik in Sachsen-Anhalt. Seit 2019 ist sie Referentin für Professionalisierung von Lehrkräften am LISA-Halle und führte u. a. Weiterbildungen zum Erwerb der Unterrichtserlaubnis Ethik an Grund- und Förderschulen durch.

Impressum
Projektleitung: Dorothee Weylandt, Berlin
Redaktion: Judith Krieg, Berlin
Umschlaggestaltung: Corinna Babylon, Berlin
Layout: krauß-verlagsservice, Ederheim/Hürnheim
Technische Umsetzung: Straive, Chennai

www.cornelsen.de

1. Auflage 2023

Druck: Athesiadruck GmbH

ISBN 978-3-589-16930-6

PEFC-zertifiziert
Dieses Produkt stammt aus nachhaltig bewirtschafteten Wäldern
www.pefc.de

Inhalt

Vorwort

Liebe Lehrerinnen und Lehrer,

am 22. April 2024 feiern wir den 300. Geburtstag des Königsberger Philosophen Immanuel Kant. Er hat die Philosophie in vier große Frage(kreise) unterteilt: Was kann ich wissen? Was soll ich tun? Was darf ich hoffen? Was ist der Mensch? Kant hat verschiedene Werke zu diesen vier Fragekreisen publiziert und damit die Vielfalt seines philosophischen Denkens unter Beweis gestellt.
Das vorliegende Themenheft will diese Vielfalt würdigen und *die Ideen Kants* für den Ethik- und Philosophieunterricht der Jahrgangstufen 5–12 *in Verbindung mit lebensweltlichen Problemen der Schüler/-innen* präsentieren. Dabei stützen wir uns neben bekannten Gedanken wie dem Kategorischen Imperativ auch auf weniger bekannte wie zum Beispiel Kants Überlegungen zum Weltbürgerrecht und zum Geschmack. Wir betrachten unsere Kopiervorlagen als Ergänzungen zu Darstellungen der Kantischen Philosophie in Lehrbüchern: Sie können auch über das Jubiläum hinaus im Unterricht eingesetzt werden. Kants Biografie haben wir je nach Altersgruppe in drei Kopiervorlagen aufgeteilt, wobei die fehlenden Informationen von den Lernenden durch eigene Recherchen ergänzt werden sollten.

In den Jahrgangsstufen 5/6 stehen Kants Kategorischer Imperativ als moralische Handlungsregel im Vergleich zur „Goldenen Regel", seine Ideen über Außerirdische und Geisterseher sowie die Themen Freundschaft, allgemeine Menschenliebe und das Verhältnis zwischen Mensch und Tier im Vordergrund. In der Darstellung gibt es viele aktuelle Bezüge, etwa zu Halloween bei den Geistern, zu den Simpsons beim Kategorischen Imperativ oder zur Tierschutzorganisation PETA beim Verhältnis von Mensch und Tier.
In den Klassen 7–10 erklären wir Kants kosmologisches und naturethisches Verständnis der Welt: Der Mensch wird durch das unendliche Universum in Erstaunen versetzt und ist qua Vernunft der „betitelte Herr der Natur". Auch das Thema „Wahrheit, Lüge und Irrtum" steht im Fokus, wobei wir im Sinne Kants zwischen Wahrheit und Wahrhaftigkeit unterscheiden. Im Kapitel „Kant und Gott" beschäftigen wir uns mit Kants Vorstellung, dass Gott den Menschen moralische Orientierung gibt. Wir präsentieren auch seine Kritik an Wundern und Aberglaube sowie am Gottesbeweis von Thomas von Aquin.
In der Sekundarstufe II beginnen wir mit Kants Gedanken zur Aufklärung. Hier spielen Themen wie selbst verschuldete Unmündigkeit, Freiheit, Willkür und Knechtschaft eine wichtige Rolle. Im Kapitel zum Weltbürgerrecht werden Kants Ansichten zum Gastrecht mit aktuellen Positionen aus der Migrationsdebatte kombiniert. Den Schluss bilden Kants Gedanken zum Schönen, insbesondere zur freien und anhängenden Schönheit sowie zum guten Geschmack. Den guten Geschmack hat Immanuel Kant auch aufs Essen bezogen. Insofern bildet ein moderner Text zu Kants legendären Tischgesellschaften den Abschluss des Themenheftes.

Unsere Arbeitsblätter umfassen *zwei Differenzierungsniveaus*: Kopiervorlagen für alle Lernenden und Kopiervorlagen „Zum Weiterdenken" mit erhöhtem philosophischem Anspruchsniveau. Wir präsentieren kurze, verständliche Originaltexte von Kant, wie zum Beispiel einen Ausschnitt über Außerirdische aus der „Allgemeinen Naturgeschichte und Theorie des Himmels" für die Klassen 5/6, und darüber hinaus erklärende Texte anderer Philosophen (so zum Beispiel einen Text von Ursula Pia Jauch über Kants Tischgesellschaften) sowie Autorentexte, etwa über Kants kategorisches Lügenverbot. Alle Textsorten verfolgen das Ziel, den Schüler/-innen verschiedener

Jahrgangsstufen *die Gedanken Kants verständlich nahezubringen*. Auf einigen Kopiervorlagen stellen wir beispielsweise nur aphoristische Textausschnitte vor, doch ermöglichen die dazugehörigen Literaturangaben, dass sich die Lerngruppen bei Interesse intensiver mit den kantischen Ideen auseinandersetzen.
In unseren „Hinweisen für Lehrkräfte" erläutern wir inhaltliche Schwerpunkte und stellen die Methoden des Philosophierens vor, die im jeweiligen Kapitel im Mittelpunkt stehen. Anschließend geben wir detaillierte Informationen zu den entsprechenden Kopiervorlagen.

Im Anhang finden Sie eine Zusammenstellung von Büchern und Links, die als weiterführende Literatur für die jeweilige Jahrgangsstufe dienen können. Ziel ist es, den Unterricht auf diese Weise literarisch zu bereichern.

Wir wünschen Ihnen von Klasse 5 an ein erfolgreiches Philosophieren mit Ihren Schüler/-innen, über Aphorismen und Gedanken von Immanuel Kant aus verschiedenen Gebieten der Philosophie. Und beachten Sie dabei immer den Rat des Philosophen zum Thema Bildung: „Der Mensch kann entweder bloß dressiert, abgerichtet, mechanisch unterwiesen, oder willkürlich aufgeklärt werden. Man dressiert Hunde, Pferde, und man kann auch Menschen dressieren. (...) Mit dem Dressieren ist es noch nicht ausgerichtet, sondern es kommt vorzüglich darauf an, dass Kinder *denken* lernen."[1]

Ihr Cornelsen Team
Barbara Brüning, Florian Baum, Daniel Nachtsheim und Katrin Träger

---

[1] Kant, Immanuel: Über Pädagogik. In: Schriften zur Anthropologie, Geschichtsphilosophie, Politik und Pädagogik 2. Frankfurt a. M.: Suhrkamp 2015, S. 707.

I | Freundschaft, Geister und das Gute (Klassen 5–6)

I.1: Immanuel Kant und das Friedrich-Gymnasium (KV 1)

I.2: Die Goldene Regel und der Kategorische Imperativ (KV 2–9)

HINWEISE FÜR LEHRKRÄFTE

Die Kopiervorlagen 2–9 betreffen das Herzstück der Ethik und der abendländischen Geistesgeschichte: Kants Überlegungen zum Kategorischen Imperativ, einer ethischen Grundregel, die für alle Menschen unabhängig von Kultur, Geschichte und Herkunft gelten soll.
Im Sinne einer altersangemessenen didaktischen Reduktion wird der Ansatz verfolgt, Kants ethische Grundregel in einer vereinfachten und elementarisierten Form darzubieten und didaktisch zur Geltung zu bringen, ohne sie dabei zu simplifizieren. Es soll darüber hinaus gezeigt werden, dass es Ähnlichkeiten zwischen der in vielen Religionen und Kulturen formulierten „Goldenen Regel“ und dem Kategorischen Imperativ gibt.

KV 1: Zunächst erhalten die Lernenden kurze biografische Informationen über Kants Geburtsort Königsberg (heute Kaliningrad) und seine dortige Schulzeit am Collegium Fridericianum. Sie sollen eine Recherche zu dieser berühmten Schule und auch zu Kants Schulfreunden David Ruhnken (1723–1798) und Johann Cunde (1724–1759) durchführen. Danach sollen Gemeinsamkeiten und Unterschiede zwischen der Schulzeit von damals und heute schriftlich herausgearbeitet werden. Kants Biografie wird im Laufe des Themenheftes komplettiert. Besonders interessierte Schüler/-innen können schon im Voraus die **Kopiervorlagen 25 und 49** lesen und daraus für die Lerngruppe ein Kurzreferat mit weiteren biografischen Daten erarbeiten.

KV 2: Die Thematik des Kategorischen Imperativs und der Goldenen Regel wird zur Einführung durch eine Gegenüberstellung mit einer naturwissenschaftlichen Perspektive erschlossen. Es soll hier keine unkritische Übernahme von Vorgegebenem erfolgen – angestrebt wird vielmehr ein neugieriger, aber auch angemessen skeptischer Blick auf Kants Denkmodell. Die Jugendlichen sollen aus ihrer Erfahrungswelt eine Situation schildern, in der sie den Kategorischen Imperativ bereits angewendet haben (Aufgabe 1). Diese Kopiervorlage hat einen engen Bezug zur **KV 36**, die sich mit dem Lügenverbot beschäftigt.

KV 3: Die Lernenden werden zum *Weiterdenken* angeregt: Das begriffliche Konstrukt „Kategorischer Imperativ“ soll in altersangemessener Hilfestellung semantisch analysiert und geklärt werden. Auf diese Weise wird ein gründliches, tiefgreifendes Verstehen auf der begrifflichen Ebene ermöglicht.

KV 4: Kants Kategorischer Imperativ wird zur „Goldenen Regel“ in Beziehung gesetzt. Die Schüler/-innen sollen jeweils eine Formulierung der Goldenen Regel heraussuchen, die in ihrem Herkunftsland bzw. ihrer Kultur gilt (Aufgabe 1). Anschließend wird der Kategorische Imperativ mit der Goldenen Regel verglichen: Die Goldene Regel geht vom „Ich“ aus – was ich für mich nicht will, das soll auch anderen nicht angetan werden. Der kategorische Imperativ hingegen geht vom Anderen aus: Ich soll bei dem, was ich mache, immer überlegen, ob dies auch für andere gelten könnte.

KV 5: Durch „Andocken" an ein zweifellos (nahezu) allen Lernenden bekanntes (fiktionales) „odd couple" – Bart Simpson und Milhouse van Houten aus der Zeichentrickserie „Die Simpsons" – soll hier ein altersgerechter und lebensweltnaher Zugang zur Thematik des Kategorischen Imperativs eröffnet werden. Neben der so angebahnten Anschlussfähigkeit ist auch ein Motivationseffekt impliziert. Ziel ist die Anregung zur kritischen (Selbst-)Reflexion.

KV 6: Die Welt der Zauberschule Hogwarts aus J. K. Rowlings Buchreihe um Harry Potter bildet hier den didaktischen Anknüpfungspunkt. Im Zuge einer interessensspezifischen Differenzierung könnte erwogen werden, welche Lernenden möglicherweise eher die **KV 4** und welche eher die **KV 5** als für sich anschlussfähig bzw. motivierend empfinden. Bei beiden Kopiervorlagen soll herausgearbeitet werden, ob Kants ethische Grundregel auch in der jeweiligen fiktiven Welt (Hogwarts bzw. die Simpsons) gelten könnte. Diese Kopiervorlage steht in engem Zusammenhang mit der **KV 10** „Geistergeschichten".

KV 7: Bei dieser Kopiervorlage ist philosophische Fantasie gefragt. Die Lernenden sollen sich vorstellen, wie eine Welt aussehen könnte, in der der Kategorische Imperativ verwirklicht wird. Die Lehrkraft weist darauf hin, dass einzelne Situationen gestaltet werden sollten, die verdeutlichen, wie Menschen in dieser imaginierten Welt zusammenleben würden, wenn sie den Kategorischen Imperativ immer einhalten. Anschließend wird im Kurs gemeinsam über die verschiedenen Ideen nachgedacht.

KV 8: Die Schüler/-innen lernen eine Aktualisierung des Kategorischen Imperativs durch den deutschen Philosophen Hans Jonas kennen, die sich anders als bei Kant nicht nur auf das Handeln der Menschen bezieht, sondern auch die außermenschliche Welt und die Generationen von morgen mitberücksichtigt. Die Schüler/-innen sollen erklären, was es für sie bedeutet, auf andere Lebewesen Rücksicht zu nehmen (Aufgabe 1). Anschließend formulieren sie einen Spruch für eine FFF-Demo (Aufgabe 3).

KV 9: Diese Kopiervorlage stellt eine Extremsituation vor, die von Kant selbst formuliert wurde. Die Lernenden sollen bewerten, wie sie anstelle des Mannes handeln würden: einen Unschuldigen beschuldigen, etwas Schlechtes getan zu haben, um dem Fürsten zu gehorchen, oder sich standhaft weigern, diesen Wunsch des Herrschers zu erfüllen? Für Immanuel Kant war der Fall klar: Es kann kein allgemeines Gesetz geben, unschuldige Menschen anzuklagen. Insofern muss sich der Mann weigern, dem Fürsten zu gehorchen.

Immanuel Kant und das Friedrich-Gymnasium

© Shutterstock.com/Marusya Chaika

Immanuel Kant wurde 1824 in Königsberg in Ostpreußen geboren. Die Stadt heißt heute Kaliningrad und gehört zu Russland. In Kants Familie lebten 9 Kinder. Der Vater war Sattlermeister und verdiente sein Geld mit der Herstellung von Lederriemen für Pferde. Kant lernte durch ihn, dass durch fleißige Arbeit auch für eine große Familie gut gesorgt werden kann. Mit seiner Mutter, die sehr gläubig war, besuchte der kleine Immanuel, der von allen in der Familie nur „Manelchen“ genannt wurde, Bibelstunden. Die Mutter lehrte ihn auch die Liebe zur Natur und zum Sternenhimmel. Und so ist es kein Zufall, dass Kants erstes großes Buch den Namen „Allgemeine Naturgeschichte und Theorie des Himmels“ trug.

Kant hatte nicht nur mit seinen Eltern Glück. Ein glücklicher Umstand war auch, dass der Theologe und Pfarrer Franz Albert Schulz (1692–1763) 1731 nach Königsberg gekommen war. Er bemerkte in den Bibelstunden, dass der kleine Immanuel sehr wissbegierig war und alles in der Welt hinterfragte. Deshalb riet er Immanuels Eltern, den damals Achtjährigen 1732 auf das Collegium Fridericianum, das bekannte Friedrich-Gymnasium zu schicken. Für Kant war das Schulleben dort eine anstrengende Zeit. Er musste sechs Tage in der Woche in die Schule gehen, jeweils eine Stunde zu Fuß hin und eine Stunde zurück, ohne Ferien. Gelernt wurde mit Drill: fromme Sprüche, biblische Geschichten, Latein und Griechisch. Kant beklagte später, dass die Natur im Unterricht so gut wie nicht vorgekommen sei. Nur ein Fernrohr auf dem Dach der Schule gab es. Dorthin schlich sich Immanuel mit seinen beiden Freunden David Ruhnken (1723–1798) und Johann Cunde (1724–1759). Der Himmel über ihnen setzte vor allem auch ihre Fantasie über das Leben auf anderen Planeten frei.

Im Vergleich zu Kants Schulzeit gibt es in meiner Schule ______________________

____

____

____

1. Vergleicht Kants Schulzeit mit eurer eigenen. Wo gibt es Gemeinsamkeiten und Unterschiede? Notiert euch Stichworte dazu. Sprecht anschließend im Kurs darüber.
2. Projektvorschlag: Recherchiert über das weitere Leben von Immanuel Kant und das seiner Freunde David Ruhnken und Johann Cunde. Haltet Kurzreferate über sie.
3. Projektvorschlag: Erarbeitet eine digitale Präsentation zum Collegium Fridericianum.

Eine Regel für alle Fälle?

Albert Einstein (1879–1955) war ein berühmter Physiker des 20. Jahrhunderts. Er suchte nach einer „Weltformel“: einem einzigen grundlegenden Naturgesetz, aus dem sich alle anderen Naturgesetze ableiten lassen. In der Physik dauert diese Suche noch an.

Albert Einstein (1879–1955)

© Shutterstock/Naci Yavuz

In der Philosophie versuchte vor allem Immanuel Kant (1724–1804) im 18. Jahrhundert eine moralische Grundregel zu formulieren. Sie sollte in allen Situationen und für alle Handlungen immer gelten und uns Menschen ermöglichen, stets moralisch gut zu handeln:
Handle so, dass das, was du tust, ein allgemeines Gesetz werden könnte.

Kant nannte seine Regel den Kategorischen Imperativ.

Immanuel Kant (1724–1804)

© Shutterstock.com

1. Schreibt eine Situation auf, in der ihr darüber nachgedacht habt, ob das, was ihr tut, auch für andere gelten könnte. Vergleicht eure Ideen zu zweit.
2. Recherchiert im Internet zu Albert Einstein: Welche berühmte Formel hat er entdeckt und was sagt sie aus?
3. *Wir philosophieren*: Kann es eine einzige Grundregel für moralisch gutes Handeln geben, die immer und überall funktioniert? Begründet euren Standpunkt.

Weiterdenken – was ist „kategorisch" und was ist ein „Imperativ"?

Wir erforschen den Begriff „Kategorischer Imperativ".

Kommt vom lateinischen „**imperare**" = befehlen
Kant war überzeugt: Der Mensch ist von Natur aus **vernunftbegabt, d. h. er kann logisch denken**
Kommt vom altgriechischen „**katēgoría**" = Aussage
Wichtigster moralischer Leitsatz der menschlichen **Vernunft**

„Imperativ" = **Befehlsform** bei Verben (z. B.: „Lies!")
Man kann ihn, so gesehen, auch als **oberste moralische Regel** bezeichnen
„Kategorisch" = „**immer und überall gültig**"

kategorisch

____

____

____

Imperativ

____

____

____

KATEGORISCHER IMPERATIV

____

____

____

____

1. Ordnet die Hinweise aus der Begriffswolke (Wortspeicher) zu, indem ihr sie jeweils in die korrekte Blase der Mindmap eintragt. Streicht jeden Hinweis, den ihr zugeordnet habt, in der Begriffswolke durch. Kontrolliert eure Ergebnisse zu zweit.
2. Erklärt mit eigenen Worten, warum Kant seine moralische Regel als „kategorisch" bezeichnet.
3. *Wir philosophieren*: Überlegt, ob wir den Kategorischen Imperativ auch heute noch für unser Handeln benötigen. Begründet euren Standpunkt.

Die Goldene Regel

In verschiedenen Religionen und Kulturen gibt es eine moralische Regel, die dem kategorischen Imperativ von Immanuel Kant sehr ähnlich ist. Sie heißt „Goldene Regel" und fordert uns Menschen ebenfalls auf, bei dem, was wir tun, an andere Menschen zu denken.

© Shutterstock.com

Liebe andere Menschen wie dich selbst. (Judentum)

Handle so, wie Jesus handeln würde, wenn er in deiner Lage wäre. (Christentum)

Füge niemand anderem Leid zu. (Buddhismus)

Was auch immer du tust, tue es wohlüberlegt und bedenke die Folgen. (Antike griechisch-römische Philosophie)

Meine „Goldene Regel":

___

___

___

___

1. Schreibt eine Formulierung der „Goldenen Regel" auf, die ihr kennt – entweder, weil diese Regel in eurer Familie weitergegeben wird (z. B. von den Großeltern oder Eltern an die Kinder), oder aus dem Bereich der Religion.
2. Das Adjektiv „golden" bezieht sich nicht immer nur auf ein wertvolles Edelmetall – in zahlreichen umgangssprachlichen Redensarten hat es auch eine *übertragene Bedeutung*, wie „goldene Regel", „goldenes Zeitalter" oder „goldene Mitte". Beschreibt mit eigenen Worten mündlich, was das Attribut „golden" in diesen Zusammenhängen aussagen soll.
3. *Wir philosophieren:* Findet heraus, wodurch sich der kategorische Imperativ von Immanuel Kant (KV 2) von der Goldenen Regel unterscheidet.

Kant und die Simpsons

Auch in Springfield in der Welt der Simpsons wird nicht immer moralisch richtig gehandelt:
Bart (unten) nutzt den gutmütigen Milhouse (oben) oft aus.
Warum lässt sich Milhouse immer wieder von Bart ausnutzen?

Erste Vermutung:

Begründung der ersten Vermutung:

Zweite Vermutung:

Begründung der zweiten Vermutung:

1. Überlegt, warum sich Milhouse immer wieder von Bart ausnutzen lässt. Notiert stichwortartig zwei Vermutungen in den oben dafür vorgesehenen Zeilen.
2. Notiert ebenfalls stichwortartig für beide Vermutungen je eine Begründung. Vergleicht eure Ergebnisse anschließend im Kurs.
3. Sprecht im Kurs darüber, was eurer Meinung nach passieren müsste, damit sich Milhouse nicht mehr ausnutzen lässt und sammelt eure Ideen an der Tafel oder am Whiteboard/ Smartboard.
4. *Wir philosophieren*: Stellt euch vor, Immanuel Kant würde Bart und Milhouse treffen – was würde er den beiden wohl sagen? Schreibt es als wörtliche Rede von Immanuel Kant auf die Rückseite dieses Blatts. Tragt eure Texte im Kurs vor.

Kant auf Hogwarts

In „Harry Potter“ ist es bekanntlich strengstens verboten, in der Muggel-Welt zu zaubern! Dabei könnte man als Hogwarts-Schüler/-in mit Magie doch so viel Gutes in der Muggel-Welt tun und sie zum Besseren verändern …

© Shutterstock.com/Anton_Ivanov

© Shutterstock.com/Anna Zheludkova

Moralische Gründe für das Zaubern (Gryffindor)	Moralische Gründe gegen das Zaubern (Kant/Kategorischer Imperativ)

1. Stellt euch vor, Immanuel Kant wäre zu Gast auf Hogwarts und würde mit den Schüler/-innen des Hauses Gryffindor über die magischen Künste diskutieren: Welche Gründe könnten die Zauberschüler/-innen für das Zaubern anführen, und welche Gründe gegen das Zaubern lassen sich aus Kants Kategorischem Imperativ ableiten? Notiert die Gründe in der Tabelle.
2. Gestaltet die Diskussion mit Kant über das Zaubern mit verteilten Rollen im Kurs.
3. Bildet eine Positionslinie: Wessen Diskussionsbeiträge haben letztendlich eher überzeugt – diejenige der Zauberschüler/-innen für das Zaubern oder diejenigen Kants gegen das Zaubern? Positioniert euch.
4. Tauscht euch abschließend über das entstandene Meinungsbild aus.

Kants Traum

Vielleicht hat Immanuel Kant von einer Welt geträumt, in der alle Menschen den Kategorischen Imperativ beachten ...

© Shutterstock.com/Rose Carson

1. Stellt euch vor, wie eine Welt aussehen könnte, in der Kants Traum wahr wird. Malt ein Bild dieser Welt in die Umrandung. Gestaltet eine mögliche Situation, zum Beispiel aus der Schule oder eurer Familie. Wie würden die Menschen miteinander umgehen?
2. Veranstaltet eine Ausstellung eurer Bilder. Legt sie im Klassenraum aus, und schaut euch gemeinsam als Gruppe alle Bilder der Reihe nach an. Erklärt einander eure Gedanken.
3. *Wir philosophieren:* Diskutiert darüber, ob ihr gern in solch einer Welt leben würdet. Begründet euren Standpunkt.

Weiterdenken – Kant und die Welt von morgen

Der deutsche Philosoph Hans Jonas (1903–1993) hat Kants Kategorischen Imperativ erweitert. Er forderte, dass wir nicht nur auf andere Menschen, sondern auf alle Lebewesen der Erde Rücksicht nehmen sollten:
Überlegt euch bei allem, was ihr tut, ob die Erde auch morgen noch für künftige Generationen bewohnbar sein wird.

© Shutterstock.com/rangizzz

Im Jahr 2018 begann in der schwedischen Hauptstadt Stockholm eine damals fünfzehnjährige Schülerin, jeden Freitag den Schulbesuch zu verweigern. Sie wollte dagegen protestieren, dass zu wenig zum Schutz des Klimas getan wird. Bald ahmten weltweit unzählige Schüler/-innen sowie Studentinnen und Studenten das Beispiel Greta Thunbergs nach – die Bewegung *Fridays for Future* (FFF) war geboren.

© stock.adobe.com

Auf andere Lebewesen Rücksicht zu nehmen, heißt für mich:

____

____

____

____

Mein Slogan

____

____

____

1. Schreibt auf, was es für euch heißt, auf andere Lebewesen Rücksicht zu nehmen. Vergleicht eure Ideen im Kurs.
2. Überlegt gemeinsam mündlich, was Immanuel Kant zu dem Imperativ von Hans Jonas sagen würde.
3. Stellt euch vor, Greta Thunberg könnte Immanuel Kant und Hans Jonas auf eine ihrer FFF-Demonstrationen einladen und alle drei gestalten gemeinsam einen Slogan für ein Demo-Plakat. Welchen gemeinsamen Slogan könnten sie wählen? Formuliert einen solchen Slogan und tragt ihn im Kurs vor. Vergleicht eure Ideen.
4. *Wir philosophieren*: Diskutiert darüber, warum es wichtig ist, moralisches Handeln auch auf die Menschen von morgen und auf die Natur zu beziehen.

Weiterdenken – Der unschuldige Mann

Vor fast 300 Jahren hat Immanuel Kant so ähnlich die folgende Geschichte erzählt, um Jugendliche zum Handeln nach dem Kategorischen Imperativ zu bewegen (bei Kant lautet die Geschichte etwas anders).

Ein brutaler König herrschte mit harter Hand über sein Land. Eines Tages wollte er einen unschuldigen Mann hinter Gitter bringen. Um dies zu erreichen, ließ der König den Nächstbesten, der ihm über den Weg lief, von seiner Leibwache ergreifen. Der König sagte zu ihm: „Entweder du sagst vor Gericht gegen jenen unschuldigen Mann aus – dann werde ich dich belohnen und beschützen. Oder du weigerst dich: Dann lasse ich dich ins Gefängnis werfen!" Der Aufgegriffene antwortete: „Majestät, Ihr wollt also, dass ich einen Unschuldigen zu Unrecht beschuldige? Dazu bin ich nicht bereit." Der König ließ ihn also in sein finsterstes Gefängnis einsperren. Eines Tages ließ die Gefängniswache die Ehefrau und die Kinder des Gefangenen für einen kurzen Besuch ein. Sie flehten den Mann an, doch dem König zu gehorchen, denn der habe nun auch gedroht, die gesamte Familie zu bestrafen, sollte er sich weiterhin weigern ...

Frei nach Immanuel Kant

Nach dem Kategorischen Imperativ müsste der Mann ____________________

____

____

____

____

____

Wenn ich der Mann wäre, würde ich ____________________

____

____

____

____

____

1. Schreibt auf, wie Kant das Problem lösen würde. Vergleicht eure Ideen im Kurs.
2. Schreibt auf, was ihr anstelle des Mannes machen würdet. Lest einander eure Gedanken vor und begründet sie mündlich.
3. *Wir philosophieren:* Immanuel Kant hat diese Geschichte geschrieben, um Jugendliche zum Handeln nach den Kategorischen Imperativ zu bewegen. Überlegt gemeinsam, warum.

I.3: Kant und der Geisterseher (KV 10–KV 16)

HINWEISE FÜR LEHRKRÄFTE

Das Thema Geister spielt im Leben von Kindern und Jugendlichen eine große Rolle. Insofern dürfte es für Elf- und Zwölfjährige, die jedes Jahr am 31. Oktober Halloween feiern, durchaus interessant sein, dass auch Immanuel Kant während seiner Schulzeit über die *Existenz von Geistern* nachgedacht hat. Und so ist es auch nicht verwunderlich, dass er gleich sein zweites großes Buch „Träume eines Geistersehers" nannte. Darin setzt er sich mit dem schwedischen Theosophen Emanuel Swedenborg (1688–1772) auseinander, der „Gespräche mit Engeln und Geistern von Verstorbenen" geführt haben will.
Die Kopiervorlagen beginnen mit den *lebensweltlichen Erfahrungen* der Lernenden und steigern allmählich das philosophische Niveau bis zur KV 16, die einen sprachlich vereinfachten Originaltext von Kant enthält. Methodisch stehen vor allem *Projektvorschläge* im Mittelpunkt.

KV 10: Der Einstieg in die Thematik knüpft an die lebensweltlichen Erfahrungen der Schüler/-innen an. Denn Bücher wie „Harry Potter" haben eine millionenfache Fangemeinde. Deshalb sollen sich die Jugendlichen gleich zu Beginn darüber austauschen, warum Geister und damit verbundene magische Erscheinungen bei jungen Leuten so beliebt sind. Diese Kopiervorlage steht in einem engen Zusammenhang mit der **KV 6** „Kant auf Hogwarts".

KV 11: Diese KV führt den schülerorientierten Einstieg aus der KV 10 weiter. Die Lernenden sollen sich darüber Gedanken machen, welche Rolle Geister in ihrem Leben spielen, inwiefern sie sich von Menschen unterscheiden und woran wir sie daher erkennen könnten.

KV 12: Diese KV erinnert daran, dass Halloween am 31. Oktober nicht nur etwas mit Süßigkeiten und Geister-Verkleidungen zu tun hat, sondern vor allem auch mit der Abwehr böser Geister. Hier sollte darüber diskutiert werden, ob und wie sich gute und böse Geister unterscheiden lassen.

KV 13: Diese Kopiervorlage knüpft an die KV 1 zur Biografie von Immanuel Kant an. Sie führt die Lernenden wieder in die Schulzeit von Immanuel Kant und stellt den Geisterseher Emanuel Swedenborg vor. Seine theosophischen Forschungen und Experimente werden auch heute noch von theosophischen Organisationen vertreten bzw. verbreitet. Swedenborg war zu Kants Zeit so populär, dass der Königsberger Philosoph ihm eine ganze Schrift widmete. Die Schüler/-innen können im Internet auch seine aktuelle Bedeutung und sein wissenschaftliches Wirken recherchieren. Eine gute Quelle hierfür sind die Seiten 111–113 in Manfred Geiers „Kants Welt" (Reinbek bei Hamburg: Rowohlt 2003). Dieses Buch führt auf unterhaltsame Weise in das Leben und Denken von Immanuel Kant ein und könnte Lehrkräften als Vorbereitung dienen, insbesondere das Kapitel „Ich weiß nicht, ob es Geister gibt".
Das Spiel der Aufgabe 3 kann in verschiedenen Varianten gespielt werden. Vgl. hierzu Barbara Brüning: „Gedankenspule". Lernspiele zur Ethik. Klasse 5–10. Berlin: Cornelsen 2018, 2. Auflage, S. 21 (Kreuzverhör).

KV 14: Diese KV erhöht das Verständnisniveau. Sie umfasst ein fiktives Gespräch zwischen Immanuel Kant und Emanuel Swedenborg. Ausschlaggebend ist vor allem das Kant-Zitat am Schluss. Es verdeutlicht, dass die Frage, ob es Geister gibt, nicht subjektiv durch einen visionären Seher wie Swedenborg entschieden werden kann, sondern dass die von vielen Menschen gemeinschaftlich geteilten Erfahrungen und Überzeugungen die Allgemeingültigkeit von Aussagen determinieren. Die Erfahrungen eines Einzelnen können diese gemeinsame Welt verlassen und sich eine eigene schaffen. Diesen Gedanken sollte die Lehrkraft auf jeden Fall erklären, wenn die Schüler/-innen nicht selbst darauf kommen. Für Kant war klar, dass Swedenborg in seiner eigenen Welt lebte und in einer engelhaften Privatsprache mit vermeintlichen Geistern kommunizierte. Er selbst war sein einziger Zeuge. Deshalb scheint eine intersubjektive Verständigung über seine Visionen unmöglich. Dennoch hielt Kant Swedenborg nicht für einen Betrüger. Er gestand ihm – wie auch früheren Mystikerinnen und Mystikern – zu, dass er seine göttlichen Visionen geschaut hat.

Die **KV 15** verlässt die metaphysische Welt der Geister und wendet sich der naturwissenschaftlichen Frage zu, ob wir davon ausgehen können, dass es auch auf anderen Planeten menschenähnliche Wesen gibt. Kant führt dafür ein religiöses Argument an: Warum sollte Gottes Schöpfungsplan nur die Erde und nicht das ganze Universum betreffen? Es wäre hilfreich, vor der Beschäftigung mit dieser Kopiervorlage noch einmal den Schöpfungsmythos aus der Bibel zu wiederholen.

KV 16: Zum Abschluss dieses Kapitels beschäftigen sich die Lernenden mit einem Originaltext von Kant, der sprachlich etwas vereinfacht wurde. Darin lässt der Königsberger Philosoph seine Fantasie schweifen und malt sich den Tagesablauf von Jupiterbewohnern aus. Diskutiert werden sollte auf jeden Fall die Plausibilität der These, dass Lebewesen, die weiter von der Sonne entfernt sind als wir auf der Erde, nach Kants Ansicht einen feineren Körperbau und höhere Intelligenz besitzen. Die Schüler/-innen sollen zunächst die fehlenden Wörter einsetzen und anschließend den Hauptgedanken des Textes mit eigenen Worten wiedergeben. Die fehlenden Wörter sind: Macht, Schlaf, Essen, Finsternis (Dunkelheit) und Kreaturen (Bewohner des Jupiters).

Die Lehrkraft könnte die Jugendlichen zum Schluss noch darauf hinweisen, dass dieser Text Kants Neigung für eine metaphysische Sehnsucht zum Ausdruck bringt, die er bereits als Kind auf seinem Weg zur Schule entwickelt hat. Er setzt in seinem philosophischen System zwar auf Argumente und die Vernunft, aber über einen „Rest des Übersinnlichen und Unerklärlichen" darf die Philosophie nach Ansicht von Kant auf jeden Fall noch verfügen. Die internationale Jupiterforschung über mögliches Leben auf dem roten Planeten sollte den Abschluss dieses Themenbereichs bilden. Es könnte zum Beispiel ein Kurzreferat über die europäische Jupitersonde „Juice" gehalten werden, die ca. 2031 auf dem Jupiter ankommen wird, um zu ergründen, ob es dort Leben gibt.

Geistergeschichten

© Shutterstock.com

Geistergeschichten gibt es seit Jahrtausenden, und auch der Schüler und Student Immanuel Kant las solche Geschichten über Wunderwerke, Zaubermittel und übernatürliche Erscheinungen. Berühmt war zu Kants Zeit etwa der Roman „The Castle of Otranto“ (Das Schloss von Otranto) von Horace Walpole, erschienen 1764. Heute bewegen sich die Geister von Verstorbenen beispielsweise in den Geschichten von Harry Potter durch die Welt. Und durch internationale Märchen spuken auch Poltergeister, die mitunter außer Rand und Band geraten.

Mein Lieblingsgeist ist ______________________________

____

____

____

____

____

____

____

1. Schreibt auf, wer euer Lieblingsgeist ist und warum. Tragt eure Ideen anschließend im Kurs vor.
2. Erstellt in kleinen Gruppen als digitale Präsentation ein Geisterlexikon: Nehmt dafür eure Lieblingsgeister aus Aufgabe 1. Beschreibt den Geist, nennt die Geschichte, in der er auftritt, und erklärt seine Zauberkräfte.
3. Recherchiert im Netz, wovon „The Castle of Otranto“ handelt.
4. *Wir philosophieren*: Sprecht im Kurs darüber, warum Geister, magische Kräfte und Wunderwerke wie in den Geschichten um Harry Potter bei Jugendlichen damals wie heute so beliebt sind. Bearbeitet hierzu auch die KV 6 „Kant auf Hogwarts“.

Gibt es Geister wirklich?

© Shutterstock.com/fran_kie

Schatten in der Dunkelheit

Immanuel Kant ging im Winter früh und abends im Dunkeln in die Schule. Wenn es hinter ihm knisterte oder er einen Schatten bemerkte, vermutete er, dass es Geister sein könnten. Und er stellte sich immer wieder die Frage: „Woran könnte ich denn Geister erkennen, wenn es sie wirklich geben würde?"
Das Thema Geister beschäftigte den kleinen Immanuel so sehr, dass später eins seiner ersten Bücher „Träume eines Geistersehers" hieß.

Geister lassen sich erkennen an ______________________________

____

____

____

____

____

____

1. Woran könntet ihr Geister erkennen, das heißt, wodurch würden sie sich von uns Menschen unterscheiden? Gebt dem kleinen Immanuel eine Antwort. Tragt eure Ideen anschließend im Kurs vor und besprecht sie.
2. Projektvorschlag: Recherchiert im Internet mit einer Kindersuchmaschine wie zum Beispiel „Blinde Kuh" das Wort „Geister". Gestaltet anschließend eine digitale Präsentation dazu. Ihr könnt die Begriffsklärung eurem Geisterlexikon voranstellen (siehe KV 10). Auf „Blinde Kuh" findet ihr auch einen Film mit dem Titel „Gibt es Geister wirklich?".
3. *Wir philosophieren*: Was versteht ihr unter einem Geisterseher? Sammelt dazu Ideen an der Tafel oder dem Whiteboard.

Halloween – das Geisterfest

Auch in eurem Alltag kommen heute noch Geister vor, mindestens einmal im Jahr an Halloween. Diesen Brauch gab es zur Zeit von Immanuel Kant noch nicht. Er kommt ursprünglich aus Irland und wird am 31. Oktober gefeiert, zwei Tage vor dem katholischen Feiertag „Allerseelen", an dem der Toten gedacht wird. Halloween geht auf einen keltischen Brauch zurück, wonach die Geister der Toten zum Sommerende in ihr Heim zurückkehren. Zur Abschreckung der bösen Geister unter ihnen wurden erleuchtete Rüben vor die Häuser gestellt – heute sind es Kürbisse. Halloween kam durch irische Auswanderer im 18. Jahrhundert in die USA, wo es heute mit vielen gruseligen Masken und Verkleidungen als Familienfest gefeiert wird.

Meine gruselige Halloween-Maske

1. Male ein gruselige Halloween-Maske und bastele sie dann zu Hause für Halloween.
2. Tauscht euch im Kurs darüber aus, ob und wie ihr Halloween feiert.
3. Erklärt den Zusammenhang zwischen Halloween und Geistern.
4. *Wir philosophieren*: Erklärt, warum wir Menschen zwischen guten und bösen Geistern unterscheiden.

Der Geisterseher

Emanuel Swedenborg

Bereits von seiner Mutter erfuhr Immanuel Kant, dass es außergewöhnliche Menschen gibt, die mit Geistern in Kontakt treten können. Solch ein berühmter Geisterseher, Philosoph und Theologe war im 18. Jahrhundert Emanuel Swedenborg (1688–1772) aus Schweden. Er behauptete, in einer Art göttlicher Schau mit Geistern, Engeln und den Seelen von Verstorbenen sprechen zu können. Diese Fähigkeit wird als Theosophie bezeichnet. Darin stecken die Wörter „Theos“ (Gott) und „Sophia“ (Weisheit). Die Theosophie wurde als die höchste Form göttlicher Weisheit betrachtet.

Shutterstock.com

1. Male, wie du dir einen Geisterseher vorstellst. Tauscht euch in Partnerarbeit anschließend über eure Ideen aus.
2. Projektvorschlag: Recherchiert im Internet mit einer Kindersuchmaschine das Leben und Wirken von Emanuel Swedenborg. Erarbeitet ein Kurzreferat über ihn.
3. *Wir philosophieren:* Eine/-r aus dem Kurs ist Emanuel Swedenborg. Er sitzt auf einem Stuhl vor der Gruppe. Eine/-r von euch geht vor und stellt Emanuel eine Frage zum Geistersehen, die er beantworten muss. Dann ist der oder die Nächste an der Reihe. Das Spiel ist beendet, wenn alle Fragen gestellt und beantwortet wurden.

Weiterdenken: Hat jeder seine eigene Welt?

Gespräch zwischen Immanuel Kant und Emanuel Swedenborg

stock.adobe.com/Giacomo Pratellesi/giacomoprat

Kant: Geister kann man weder sehen, hören, schmecken, riechen oder tasten.

Swedenborg: Deshalb habe ich auch von Gott einen inneren Sinn bekommen, um mit ihnen zu sprechen.

Kant: Es könnte zwar sein, dass Geister zum Universum gehören, aber

____

____

____

____

Swedenborg: Es gibt ein geheimes Geisterreich, zu dem nur Auserwählte Zutritt haben.

Kant: Du kannst es aber nicht ______________________________

____

Auch ich tauche manchmal in meine eigene Welt ein und stelle mir Geister oder andere Dinge vor ...

Swedenborg: Ich stütze mich auf meine besondere innere Kraft.

Kant: Ja, aber solange die anderen Menschen nicht die gleichen Erfahrungen machen können wie du, bleiben die Geister dein Geheimnis. Wir können es nicht mit dir teilen. *„Wenn wir wachen, so haben wir eine gemeinschaftliche Welt, träumen wir aber, so hat jeder seine eigene."*

Aus: Kant, Immanuel: Träume eines Geistersehers, Stuttgart: Reclam 2020, S. 74.

1. Schreibt in die Lücken, was Immanuel Kant zu Emanuel Swedenborg sagen könnte. Vergleicht eure Ideen in Partnerarbeit.
2. *Wir philosophieren*: Wie versteht ihr Kants Gedanken, dass wir im wachen Zustand eine gemeinschaftliche Welt haben, aber nicht, wenn wir träumen? Erklärt den Gedanken anhand von Beispielen.
3. *Wir philosophieren:* Überzeugt euch Kants Argumentation, dass nur Dinge, die viele Menschen teilen, als wahr angenommen werden können? Begründet euren Standpunkt.

Weiterdenken: Außerirdische auf anderen Planeten

In Kants erstem Buch „Allgemeine Naturgeschichte und Theorie des Himmels" gibt es am Schluss eine kleine Geschichte „Von den Bewohnern anderer Gestirne". Darin schreibt Kant, dass der Mensch nicht allein im Universum lebe. Er begründet seine Annahme damit, dass es nicht zu verstehen wäre, wenn Gott nur auf einem winzigen Punkt des riesigen Alls Menschen als sein Ebenbild geschaffen hätte. Kant spielt damit auf die Schöpfungsgeschichte aus der Bibel an. Für ihn ist es daher plausibel, dass es auch auf anderen Planeten Lebewesen gibt.
Kant stellt folgende These auf: Je weiter die Planeten von der Sonne entfernt seien, desto leichter und feiner müsse der Körperbau der dortigen Lebewesen sein. Auch spiele für den Körperbau die stoffliche Zusammensetzung der Planeten eine große Rolle.

1. Malt einen Außerirdischen auf einem Planeten, der sehr weit von der Sonne entfernt ist. Legt eure Zeichnungen anschließend in einen Kreis und erzählt euch gegenseitig Geschichten zu euren Außerirdischen.
2. Erklärt Kants Gedanken, dass der Körper möglicher Lebewesen desto feiner sein müsse, je weiter die Planeten von der Sonne entfernt seien.
3. *Wir philosophieren*: Erklärt den Gedanken, dass für den Körperbau die stoffliche Zusammensetzung des Planeten eine wichtige Rolle spielt.

Weiterdenken: Tagesablauf auf dem Jupiter

© Shutterstock.com/NASA images

Die Abwechslung des Tages und der ________________ geschieht im Jupiter in 10 Stunden. Was würde der Bewohner der Erde, wenn er in diesen Planeten gesetzt würde, mit dieser Einteilung wohl anfangen? Die 10 Stunden würden kaum für die Ruhe ausreichen, die diese grobe Maschine[1] zu ihrer Erholung durch den ________________ braucht. Die Vorbereitung der Tagesgeschäfte, das Kleiden und die Zeit, die zum ________________ benötigt wird, würden einen großen Anteil dieser Zeit in Anspruch nehmen. Und eine Kreatur wie der Mensch, dessen Handlungen mit solcher Langsamkeit geschehen, wäre nicht in der Lage zu existieren, wenn 5 Stunden Geschäfte plötzlich durch eine ebenso lange ________________ unterbrochen würden. Dagegen können die vollkommeneren ________________ des Jupiters, die mit einer feinen Bildung mehr elastische Kräfte und eine größere Behendigkeit[2] in der Ausübung verbinden, in diesen 5 Stunden mehr erreichen als die Menschen in 12 Stunden.

[1] Gemeint ist der Mensch. [2] Fähigkeit.

Nach: Kant, Immanuel: Allgemeine Naturgeschichte und Theorie des Himmels. Hamburg: Tredition (o.J.), S. 138f.

Der Hauptgedanke des Textes besteht für mich darin, dass ________________________________

____

____

1. Setzt die fehlenden Wörter in den Text ein. Vergleicht eure Ergebnisse im Kurs.
2. Fasst den Hauptgedanken des Textes von Immanuel Kant schriftlich zusammen.
3. Erklärt mündlich, wodurch sich die Bewohner des Jupiters nach Kant von den Menschen unterscheiden.
4. *Wir philosophieren*: Wie bewertet ihr die Ansichten Kants über Außerirdische? Diskutiert darüber im Kurs.
5. Projektvorschlag: Haltet ein Kurzreferat darüber, was bisher über mögliches Leben auf dem Jupiter wissenschaftlich bekannt ist. Recherchiert mit einer Kindersuchmaschine im Netz.

I.4: Freundschaft, Tiere und Menschenliebe (KV 17–24)

HINWEISE FÜR LEHRKRÄFTE

In der „Grundlegung zur Metaphysik der Sitten“ entwickelt Immanuel Kant den kategorischen Imperativ als Richtschnur für moralisch gutes Handeln. Mit der Formulierung „Handle nur nach derjenigen Maxime, durch die du zugleich wollen kannst, dass sie ein allgemeines Gesetz werde“ legt Kant einen sehr hohen Maßstab an unsere Handlungen an (Grundlegung zur Metaphysik der Sitten, Stuttgart 2020, S. 52). Damit beschreibt der Philosoph unsere Pflicht, bei moralischen Handlungen unsere Beweggründe zu überprüfen und vor allem überhaupt darüber nachzudenken (siehe hierzu „Die Goldene Regel und der Kategorische Imperativ“ in diesem Band).

In seiner „Metaphysik der Sitten“ entwickelt Immanuel Kant dann ausführlich seine Tugendlehre, die für die Betrachtung der Freundschaft, des Umgangs mit Tieren und der Menschenliebe bedeutsam ist. Im § 46 im Beschluss der Elementarlehre heißt es zum Thema Freundschaft: „Freundschaft [...] ist die Vereinigung zweier Personen durch gleiche wechselseitige Liebe und Achtung.“ Und der § 47 ergänzt: „Moralische Freundschaft [...] ist das völlige Vertrauen zweier Personen [...] mit beiderseitiger Achtung gegeneinander [...].“ (Die Metaphysik der Sitten, Stuttgart 1990, S. 363 ff.) Beide Aspekte seiner Betrachtung bieten gute Ansatzpunkte für die Arbeit mit den Schüler/-innen, besonders mit Blick auf die Themen Achtung und Vertrauen.

Auch wenn Tiere für Immanuel Kant Wesen ohne Vernunft sind, ist dennoch „[...] die gewaltsame und zugleich grausame Behandlung der Tiere der Pflicht des Menschen gegen sich selbst [...] entgegengesetzt, weil dadurch das Mitgefühl [...] im Menschen abgestumpft [...] wird.“ (Ebd., S. 329 f.) Wie wir uns also Tieren gegenüber verhalten, wirkt auf uns zurück und ist damit eine Verletzung der Pflicht gegen uns selbst. Mein Handeln wirkt also immer auf mich zurück, und das gilt auch für den Umgang mit Tieren: Diese Betrachtungsweise soll diskutiert werden.

Im zweiten Teil der „Ethischen Elementarlehre“ geht es um die Tugendpflichten gegen andere. In den §§ 26 und 27 (ebd., S.339 f.) wird dazu die Menschenliebe in den Blick genommen und „[...] als praktisch [...] gesetzt“, „also die Maxime der Handlungen“ betreffend. Dabei soll die praktische Menschenliebe ohne Ansehen der Person gelebt werden, es also unbedeutend sein, ob mir ein Mensch angenehm ist oder nicht. Die Nähe zum Gebot der christlichen Nächstenliebe wird deutlich, aber auch hier bedeuten meine Handlungen immer Grundhaltungen und moralisch zu begrüßende Maxime.

Freundschaft, Menschenliebe und der Umgang mit Tieren betreffen das moralische Gefühl der Menschen, sind aber bei Kant dennoch eine Tugendpflicht, die es zu erfüllen gilt (vgl. hierzu ebd., S. 52).

KV 17: Ausgehend von Kants Betrachtungen zu moralischer Freundschaft denken die Schüler/-innen über Eigenschaften nach, die ihnen für eine Freundschaft wichtig erscheinen. Da wir ein Originalzitat von Kant verwenden, gehört diese Kopiervorlage zur Kategorie „Weiterdenken“. Die ABC-Liste soll die Schüler/-innen anregen, in verschiedene Richtungen zu denken, und gleichzeitig ihren Wortschatz erweitern. Dadurch sind Gespräche, in denen es um Begründungen und Argumente geht, leichter möglich.

KV 18: Mit dieser KV sollen die Schüler/-innen durch ein für sie nachvollziehbares Beispiel ihre Überlegungen zu KV 18 anwenden und deren Tauglichkeit prüfen. In einem Freundschaftsgespräch sollen dabei die von ihnen benannten Eigenschaften eine Rolle spielen. Freundschaft schließen und miteinander ins Gespräch kommen, ist für Lernende in ihrem Alltag sehr wichtig.

KV 19: Diese KV nutzt ein Beispiel aus der Lebenswelt der Schüler/-innen, um die Begriffe Achtung und Vertrauen genauer zu betrachten. Die Situation, in der aus vermeintlicher Freundschaft Dinge getan werden, die nicht den eigenen Überzeugungen entsprechen, dürfte den Lernenden nicht unbekannt sein. Kinder lassen sich manchmal von Freunden zu Handlungen überreden: Durch dieses Beispiel sollen sie ermutigt werden, auch einmal „Nein" zu sagen.

KV 20: Viele Schüler/-innen haben Haustiere. Oft sagen sie, dass diese Haustiere ihre Freunde seien. In dieser KV soll die Frage thematisiert werden, ob sie tatsächlich Freunde sein können. Auch hier kommen wieder die in KV 18 aufgelisteten Eigenschaften zum Tragen. Die Lernenden sollen begründet darlegen, warum Tiere Freunde sein können, oder eben auch, warum das nicht möglich ist.

KV 21: Diese Kopiervorlage soll zum Weiterdenken anregen. Ausgehend von der meist sehr liebevollen Beziehung der Schüler/-innen zu ihren Tieren, dient sie dazu, das Verhalten der Menschen gegenüber Tieren im Rückbezug auf uns selbst zu betrachten und die KV 22 zum Tierschutz vorzubereiten. Dabei sollen die eigenen Verhaltensweisen betrachtet werden und auch, was diese jeweils über uns aussagen bzw. sogar bei uns bewirken.

KV 22: Durch die beiden vorherigen KV sensibilisiert, werden die Schüler/-innen mit einem Beispiel von Tierquälerei und der Reaktion der Tierschutzorganisation PETA konfrontiert. Es geht dabei um eine nicht besonders beliebte Tierart (Fliegen), weshalb die Betrachtung zu Tierquälerei durchaus herausfordernd sein kann. Die KV bietet einen Projektvorschlag, bei dem die Lernenden nach eigener Recherche Kurzvorträge halten sollen.

KV 23: In dieser KV zum Weiterdenken werden erste Überlegungen zu Kants Auffassung und Pflicht zur praktischen Menschenliebe angestellt. Mit einem Bildimpuls, der eine sehr große Menschengruppe darstellt, sollen die Schüler/-innen zum Nachdenken angeregt werden. Welche Bedeutung hat Menschenliebe, wenn es sich um eine nicht überschaubare Menschenmenge handelt? Muss ich alle Menschen kennen, um sie „lieben" zu können? Welche Bedeutung hat hier das Wort „Liebe"?

KV 24: Diese KV bietet ein noch näher an der Lebenswelt der Schüler/-innen liegendes Beispiel für die Auseinandersetzung mit der moralischen Forderung, alle Menschen zu lieben, auch wenn ich sie vielleicht nicht mag. Die Schulklasse ist für die Schüler/-innen eine Gemeinschaft, in der sie viel Zeit verbringen – sie spielt eine wichtige Rolle für sie. Das Zusammensein in dieser Gemeinschaft ist nicht immer einfach, oft sind Konflikte an der Tagesordnung. Durch die Betrachtungen zur Menschenliebe angeregt, sollen die Lernenden Übereinkünfte treffen, die ein respektvolles Miteinander ermöglichen.

Weiterdenken: Kant und die Freundschaft

Immanuel Kant hat sich in einigen seiner Bücher auch mit dem Thema Freundschaft beschäftigt. Er selbst hatte viele Freunde, die er mittags immer zu Tischgesellschaften einlud. Deshalb kannte er sich sehr gut damit aus, wie Freunde miteinander umgehen sollten. Er schrieb dazu: „Freundschaft [...] ist das völlige Vertrauen zweier Personen [...] mit beiderseitiger Achtung gegeneinander [...].“

Kant, Immanuel: Metaphysik der Sitten, Tugendlehre, Beschluss, § 47. Stuttgart: Reclam 1990, S. 366.

A ______

B ______

C ______

D ______

E ______

F ______

G ______

H ______

I ______

J ______

K ______

L ______

M ______

N ______

O ______

P ______

R ______

S ______

T ______

U ______

V ______

W ______

Z ______

(Q, X und Y sind nicht aufgelistet, du kannst diese Buchstaben aber gern ergänzen, wenn dir auch dazu etwas einfällt.)

1. Vertrauen und Achtung sind nach Kant zwei wichtige Voraussetzungen für Freundschaft. Was fällt euch noch dazu ein, wie Freunde sein oder miteinander umgehen sollten? Fertigt ein Freundes-ABC an. Findet Eigenschaften und Verhaltensweisen, die euch wichtig sind. Sie müssen mit dem jeweiligen Buchstaben beginnen.
2. Tauscht euch danach zu zweit aus und ergänzt die Liste.
3. Stellt euch vor, dass es kein Vertrauen gäbe. Was würde das für eine Freundschaft bedeuten? Tauscht euch mit dem Nachbarn / der Nachbarin darüber aus.

Wie eine Freundschaft beginnen könnte

© Shutterstock.com/Cat Act Art

Max ist mit seinen Eltern umgezogen und musste deshalb auch die Schule wechseln. An seinem ersten Tag in der neuen Schule wird er von der Klassenlehrerin vorgestellt und neben Jonas auf den einzigen freien Platz in der Klasse gesetzt. Max ist froh, dass er neben einem Jungen sitzen kann und nimmt sich vor, sich mit Jonas anzufreunden. Er weiß allerdings nicht, dass Jonas in der Klasse nicht sehr beliebt ist und auch gern allein sitzt.
In der Pause möchte Max mit Jonas ins Gespräch kommen.

Max: ____

Jonas: ____

Max: ____

Jonas: ____

Max: ____

Jonas: ____

Max: ____

Jonas: ____

1. Schreibt auf, wie das erste Gespräch zwischen Max und Jonas ablaufen könnte. Tauscht anschließend eure Ideen im Kurs aus.
2. Überlegt mündlich, ob eure Gespräche Vertrauen und gegenseitige Achtung im Sinne Immanuel Kants ausdrücken. Berücksichtigt dabei auch das Foto.
3. Überlegt, wie ein Freundschafts-Gespräch geführt werden sollte, damit Vertrauen und Achtung entstehen können. Tragt dazu Formulierungen an der Tafel oder dem Whiteboard zusammen. Zum Beispiel:

   Max: „Ich bin sehr froh, dass ich neben dir sitzen kann. Ich bin neu hier und kenne noch niemanden. Wollen wir nachher etwas gemeinsam unternehmen?“

Ein Spiel unter Freunden

Max und Jonas haben sich bereits ein wenig angefreundet. Jonas hat immer ziemlich verrückte Ideen, vor allem, wenn es darum geht, während der Schulzeit Schabernack zu treiben. Jonas hat sich ein Spiel ausgedacht, das „Wahrheit oder Pflicht" heißt. Dabei kann man zwischen den Möglichkeiten wählen, eine Frage wahrheitsgemäß zu beantworten, oder, wenn man nicht antworten möchte, eine Aufgabe zu erledigen. Anfangs waren die Fragen und die Aufgaben ganz harmlos, aber mit der Zeit stellt Jonas immer peinlichere Fragen und auch die Aufgaben werden schwieriger. Max möchte unbedingt so richtig mit Jonas befreundet sein und hat ihn deshalb schon seine Hausaufgaben abschreiben lassen, Sachen von Mitschülern versteckt, am Automaten für Jonas einen Schokoriegel gekauft und einem Fremden einen Telefonstreich gespielt. Heute ist die Frage wieder so peinlich, dass Max nicht antworten möchte. Darum soll er als „Pflicht" in der Schule Feueralarm auslösen, damit alle schulfrei bekommen.

Hier ist Platz für deine Meinung zu Jonas` Spiel:

____

____

____

____

____

____

In diesem Spiel werden die Begriffe Vertrauen und gegenseitige Achtung (nicht) im Sinne von Kant verwendet ...

____

____

____

____

____

1. Schreibt auf, was ihr zu Max sagen würdet, wenn ihr von diesem Spiel erfahrt. Beurteilt, was Max schon alles getan hat und als Nächstes tun soll.
2. Für Kant sind Vertrauen und gegenseitige Achtung wichtig für eine Freundschaft. Überlegt, ob in diesem Spiel beide Begriffe im Sinne von Kant verwendet werden. Schreibt eure Meinung dazu auf.
3. Jonas stellt Max immer schwierigere Aufgaben. Geht es ihm tatsächlich um Max und die Freundschaft? Begründet eure Antwort.

Können Tiere Freunde sein?

© Shutterstock.com/lunamarina

Mein bester Freund

Lisa hat sich in der Schule heute sehr geärgert. Erst hat ihre Freundin Pauline mit Sophie über sie gelästert, dann hat der Lehrer sie angemeckert und beim Sport wurde sie als Letzte in die Mannschaft gewählt. Das war bisher ein ziemlich blöder Tag und Lisa ist froh, endlich nach Hause gehen zu können. Da wartet schon Leo, ihr Hund, auf sie und ihm wird sie alles anvertrauen. Lisa erzählt ihrem Hund immer, was so passiert, und fühlt sich von ihm verstanden und getröstet. Für Lisa ist Leo ihr bester Freund.

Hier ist Platz für ein Bild von deinem Lieblingstier:

1. Was meint ihr: Kann ein Hund oder ein anderes Tier ein Freund sein? Warum bzw. warum nicht? Begründet euren Standpunkt.
2. Malt eure Lieblingstiere und legt die Zeichnungen in einen Kreis. Ihr könnt die Bilder auch wie in einer Galerie im Raum verteilen. Sprecht anschließend darüber, was so besonders an eurem Lieblingstier ist.
3. Nehmen wir an, dass alle Menschen und Tiere Freunde sind. Was würde das für unser Zusammenleben bedeuten? Überlegt gemeinsam, wie eine solche Welt aussehen könnte.

Weiterdenken: Wie Menschen Tiere behandeln sollten

Immanuel Kant sagt, dass Tiere durch ihre Instinkte bestimmt werden und keine Vernunft haben. Deshalb sind sie auch keine moralischen Wesen. Er meint damit aber nicht, dass wir Tiere schlecht behandeln sollen, denn unser Verhalten Tieren gegenüber wirkt auf uns zurück. Wenn wir Schlechtes tun, fühlen wir uns danach oft selbst schlecht. Wenn wir aber anderen, auch Tieren, Gutes tun, dann geht es uns selbst ebenfalls gut. Anderen eine Freude zu machen, macht uns selbst Freude.

1. Was bedeutet es, dass unser Verhalten Tieren gegenüber auf uns zurückwirkt? Was sagt unser Verhalten über uns aus? Überlegt in kleinen Gruppen, welche Antworten auf diese Fragen möglich sind. Welche eigenen Erfahrungen habt ihr dazu gemacht?
2. Schreibt nach dem Gruppengespräch in Einzelarbeit einen Brief an eine Freundin / einen Freund. Begründet darin, wie sich Menschen gegenüber Tieren verhalten sollten.

PETA – eine Tierschutzorganisation handelt

© Shutterstock.com/TaraPatta

Hunderte Fliegen wurden über Wochen mit Zucker und Wasser ernährt, um sich möglichst zahlreich zu vermehren – und um zu einem späteren Zeitpunkt durch eine elektrische Fliegenfalle getötet zu werden. Was sich nach fürchterlicher Tierquälerei anhört, hat tatsächlich so stattgefunden: Im Kunstmuseum Wolfsburg präsentierte der Künstler Damien Hurst im Sommer 2022 „A Hundred Years". In einer Installation wurden die lebenden Tiere ausgestellt, die teilweise in einem anderen Bereich gewaltvoll umgebracht wurden.

„Tiere zu töten hat nichts mit Kunst zu tun, es zeigt lediglich die Überheblichkeit von Menschen, die für ihre eigenen Interessen buchstäblich über Leichen gehen. Wir sind dankbar, dass die Behörde den Verantwortlichen die Grenzen aufgezeigt hat, auch wenn wir uns eine rechtliche Ahndung der sinnlosen Tötungen in Wolfsburg gewünscht hätten. Nur weil die Tiertötungen zum Zeitpunkt unserer Meldung schon beendet waren, kamen die Verantwortlichen mit einer Ermahnung davon. Wir werden weiterhin Tiermissbrauch für vermeintliche Kunstobjekte konsequent zur Anzeige bringen."

Peter Höffken, Fachreferent bei PETA Deutschland

Quelle: https://www.peta.de/neuigkeiten/tiere-getoetet-kunst/

1. Lest den Bericht über eine Kunstausstellung und die Reaktion von Peter Höffken von PETA. Fasst mit eigenen Worten mündlich zusammen, was geschehen ist, und erläutert, wieso PETA so heftig reagiert hat.
2. Es sind doch nur Fliegen! Denkt über diese Aussage nach und überlegt, ob das so gesagt werden kann. Begründet eure Antwort.
3. Stellt euch vor, ihr beobachtet, wie jemand ein Tier quält. Was könntet ihr tun oder sagen, um denjenigen davon abzubringen? Sammelt überzeugende Argumente an der Tafel oder dem Whiteboard und tauscht euch darüber aus.
4. Projektvorschlag: Informiert euch im Internet über die Tierschutzorganisation PETA. Sucht nach weiteren Aktivitäten dieser Organisation und stellt ein Beispiel in einem Kurzvortrag der Klasse vor. Diese Aufgabe könnt ihr auch zu zweit bearbeiten.

Weiterdenken: Können wir im Sinne Immanuel Kants alle Menschen lieben?

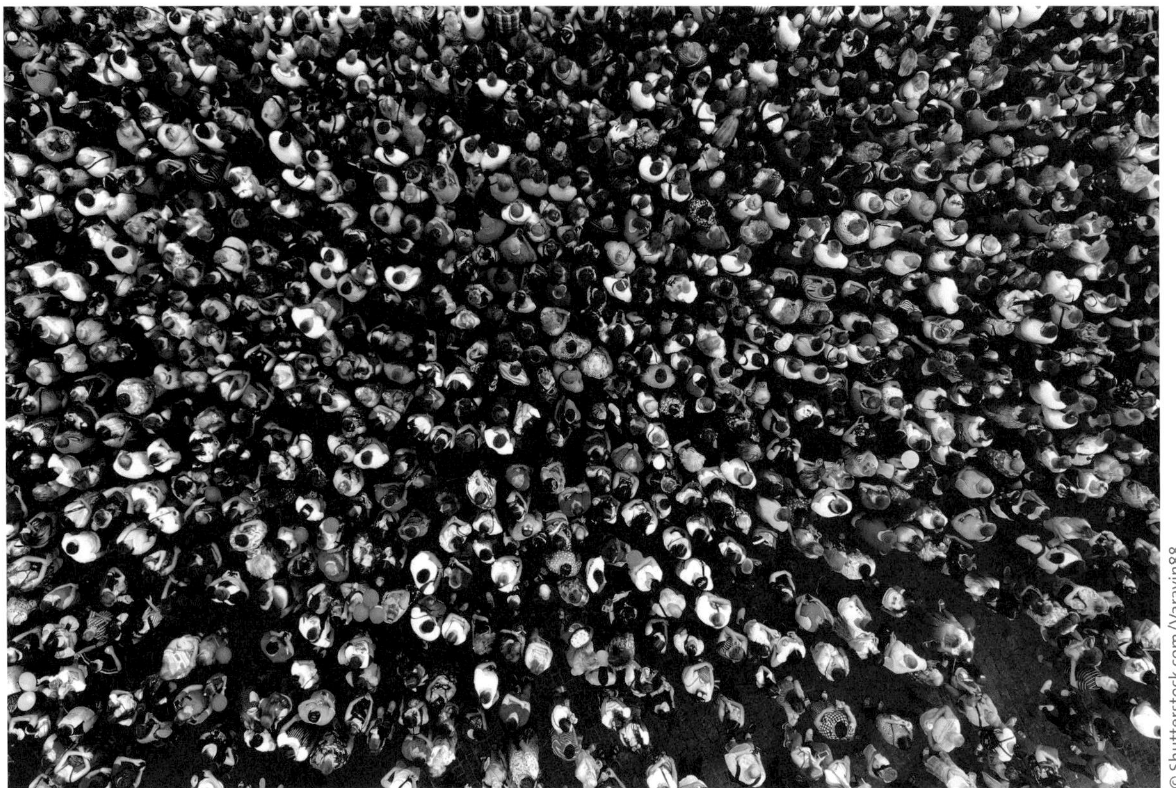
© Shutterstock.com/Varavin88

„Die Maxime (der Grundsatz, die Lebensregel) des Wohlwollens (die praktische Menschenliebe) ist aller Menschen Pflicht gegeneinander; man mag diese nun liebenswürdig finden oder nicht, nach dem Gesetz der Vollkommenheit: Liebe deinen Nebenmenschen als dich selbst."

Kant, Immanuel: Die Metaphysik der Sitten, 2. Teil, 1. Hauptstück, § 27. Stuttgart: Reclam 1990, S. 339f.

Mit diesen Worten verlangt Immanuel Kant von uns, alle Menschen gleichermaßen zu lieben, egal, ob wir sie mögen, sie uns fremd sind, oder wir sie tatsächlich gernhaben.

Menschenliebe heißt für mich ______________________________

____

____

____

____

____

1. Formuliert mit eigenen Worten, was für euch Menschenliebe ist.
2. Was bedeutet es für euch, dass wir unsere Mitmenschen lieben sollen wie uns selbst? Kann diese Forderung Kants im Alltag umgesetzt werden? Begründet euren Standpunkt.

Alle Menschen lieben – gilt das auch für uns?

In einer Schulklasse gibt es viele verschiedene Kinder mit sehr unterschiedlichen Charakteren und Verhaltensweisen. Manche Kinder sind einem sehr sympathisch, mit anderen möchte man nichts zu tun haben – sie gehen einem auf die Nerven oder sie suchen Streit. Die ideale Klasse, in der sich alle mögen, gibt es wahrscheinlich nicht. Wir müssen irgendwie miteinander auskommen.
Kants Idee von der Menschenliebe gibt uns eine Möglichkeit, das zu schaffen. Wir sollen unseren Nächsten lieben wie uns selbst, auch wenn wir ihn/sie gar nicht mögen.

1. Regel: ____________________

____

____

____

____

2. Regel: ____________________

____

____

____

____

3. Regel: ____________________

____

____

____

____

1. Stellt zu zweit Regeln auf, die eine „Menschenliebe" im Sinne Kants in eurer Klasse möglich machen. Vielleicht hilft euch dabei auch das, was ihr in eurem Freundes-ABC aufgeschrieben habt (KV 17).
2. Tauscht euch in Vierergruppen zu euren Ideen aus und einigt euch auf ca. 5 gemeinsame Regeln.
3. Einigt euch in Gruppen zu acht erneut auf 5 gemeinsame Regeln, die im Anschluss im Kurs vorgestellt werden sollen. Alle auf diese Weise entstandenen Regeln sollen für die gesamte Klasse sichtbar gemacht werden. Findet aus diesen Angeboten diejenigen Regeln, die ihr von jetzt an in der Klasse beachten wollt und zu denen ihr euch verpflichtet!

II | Wahrheit, Gott und Kosmologie (Klassen 7–10)

II. 1: Biografie-Arbeit (KV 25)

II. 2: Der gestirnte Himmel über mir – Kants Kosmologie und Naturverständnis (KV 26–33)

HINWEISE FÜR LEHRKRÄFTE

Neben den erkenntnistheoretischen Errungenschaften der Kritik – also jener „kopernikanischen Wende", wonach sich die Erkenntnis der Gegenstände nach den Bedingungen des Subjekts richtet, ist die Erkenntnis der Welt und der Natur ein zentrales Interesse in der Philosophie Immanuel Kants. Seine Gedanken über Kosmologie und Natur werden den Schüler/-innen in den Kopiervorlagen durch einfache und verständliche Texte vermittelt. Dabei geht es insbesondere um das Kantische Staunen über die Zweckmäßigkeit der Natur und den Menschen, der sich als freies, denkendes Wesen in einer rundum durch Naturgesetze zu beschreibenden Welt befindet.

In methodischer Hinsicht werden kreative und kooperative Formen des Umgangs mit den philosophischen Inhalten und auch kurzweilige Überlegungen gewählt, um Kants Bewunderung und Ehrfurcht für den bestirnten Himmel und das moralische Gesetz, den Kategorischen Imperativ, auch heute für die Lernenden lebendig werden zu lassen. Dabei sollte darauf geachtet werden, dass der Kreativität, wie zum Beispiel in Form von Zeichnungen, bei der Erarbeitung der Arbeitsaufträge ausreichend zeitlicher Spielraum gewährt wird.

Die **KV 25** thematisiert den Beginn der akademischen Laufbahn von Immanuel Kant und stellt sein erstes Buch „Allgemeine Naturgeschichte und Theorie des Himmels" vor. Daraus stammt der Originaltext in der **KV 28**.

In der **KV 26** steht das Staunen über das Universum im Mittelpunkt. Die Schüler/-innen sollen in Analogie zu Kants Staunen über das Weltgebäude Dinge und Situationen auf der Welt benennen, über die sie in Staunen geraten.

Dass wir aus einzelnen Wahrnehmungen mittels der Vernunft die Idee einer Welt bilden, wird in der **KV 27** anhand des Anblicks der Erde aufgegriffen, wie er sich einem Astronauten oder einer Astronautin bietet. Die Lernenden betrachten die Erde aus dem Weltall und vollziehen den Gedanken Kants nach, der das Universum von unten aus bestaunt hat. Anschließend vergleichen sie beide Perspektiven.

In der **KV 28** entwickeln die Schüler/-innen interdisziplinär mithilfe eines Originaltextes von Immanuel Kant ein erstes Verständnis des Gravitationsgesetzes, das für den Philosophen bei seiner Vorstellung vom Universum eine besondere Bedeutung hatte. Im Unterricht sollte herausgearbeitet werden, dass das Universum nach Kants Auffassung von Naturgesetzen bestimmt ist.

In der **KV 29** wird anhand der Frage, was in einem Lehrbuch über die Natur stehen sollte, auch die Frage nach dem Paradigma der Welterklärung thematisiert: Wählt man den Zugang zur Welt über religiöse Erklärungsmuster, wie es Johann Georg Hamann (1730–1788) vorgeschlagen hatte, oder rational über das, was wir heute Naturwissenschaft nennen würden, wie es Kant bevorzugte? Außerdem wird die Frage nach der Vermittlung, also dem pädagogischen Zuschnitt wichtig, indem Regina, die Tochter Hamanns, das Sprachrohr für die Lernenden wird. Die Situation ist an eine historische Begebenheit angelehnt.

Für Kant war die Erkenntnis der Natur verbunden mit den Überlegungen zur Schönheit, also der Ästhetik. Das Naturschöne hat für Kant auch eine erkenntnistheoretische Seite: Können ästhetische Urteile allgemeingültig sein (siehe hierzu auch die **KV 67** und **68**)? In der **KV 30** beschreiben die Schüler/-innen den für sie schönsten Ort auf der Welt und diskutieren im Vergleich Kants zentrale Frage nach der Objektivität ästhetischer Urteile. Die Form der Präsentation als Social-Media-Beitrag knüpft dabei an die Lebenswelt der Jugendlichen an.

In der **KV 31** bildet die emotionale Wahrnehmung von Tieren den Ausgangspunkt der Reflexion. Der Gedanke Kants, dass wir annehmen müssen, die Natur sei von Zwecken durchwaltet, wird genutzt, um ein den Lernenden jeweils als besonders abstoßend erscheinendes Tier in seiner Existenz zu rechtfertigen und zu würdigen. Den thematischen und methodischen Rahmen bildet eine Castingshow der unbeliebten Tiere, in denen die Jugendlichen Plädoyers für jene Tiere halten, die sie am wenigsten mögen. Dazu fertigen sie einen Steckbrief an, der die Grundlage für die Arbeitsaufträge bildet und schließlich auch die Basis für eine Rede über das Tier darstellt. Die Bewältigung der Abneigung geschieht dabei durch eine kooperative Arbeitsphase, in der die Schüler/-innen ihre Steckbriefe tauschen und Zwecke benennen. Dabei kommt es nicht auf biologische Richtigkeit an, sondern auf die Anwendung von Kants Überlegungen.

Die **KV 32** behandelt den Zusammenhang von Natur und Moral. Nach Kant haben wir gegenüber der Natur und den Tieren keine moralischen Pflichten. Diese haben wir nur gegenüber Personen. Auch wenn Tiere für Kant eine Art Bewusstsein haben, so haben sie doch kein Selbstbewusstsein, das für das Person-Sein konstitutiv ist. Der richtige Umgang mit der Natur ergibt sich für Kant aus den Pflichten für sich selbst. Demnach sei es z. B. nicht moralisch, etwas Schönes in der Natur zu zerstören, weil der Mensch dadurch verrohe. Zudem trainiere das Betrachten von Naturschönem, das ja in Anbetracht seiner Zweckmäßigkeit (aber unabhängig von einem uns bewussten Zweck) schön ist, das moralische Verhalten. Denn auch in der Moral gehe es ja darum, nicht aus einem bestimmten Zweck moralisch zu sein, sondern allein deshalb, weil es unsere Pflicht ist. Ich handele also durchaus in meinem Sinne, wenn ich die Natur wertschätze und sogar schütze.
In der vorliegenden Kopiervorlage wird diese moralisch günstige Wirkung mit der Methode der Gedankenlandkarte aufgegriffen. Die Lernenden konzipieren einen Garten, der zum Innehalten und Nachdenken über Moral und Tugenden einlädt. Bei der Gestaltung des Gartens spielt – natürlich neben den Tugenden selbst – die Verknüpfung und der Zusammenhang der Tugenden mit der Landschaft eine didaktisch wichtige Rolle.

Die **KV 33** thematisiert die naturphilosophische Position Kants. Für Kant versteht sich der Mensch als Mittelpunkt der Welt, insofern er ein Verstandes- und Vernunftwesen mit einem Körper ist, das in der Natur ein System von Zwecken erkennt. Die tatsächlich provozierende Formulierung vom „betitelten Herrn über die Natur“ erfährt bei Kant insofern eine wichtige Relativierung, als diese herrschaftliche Position kein Freibrief zur Ausbeutung der Natur ist: Die Ordnung der Natur ist streng zu wahren. Hier hat sich der Mensch eher zurückzuhalten, seine Begierden und seinen Hang zu Unzufriedenheit und Übermaß zu zügeln.

Der Außerirdische ist übrigens keine freie Erfindung unsererseits. Kant hat Außerirdische tatsächlich mehrmals thematisiert – wie viele andere Philosophen der Aufklärung auch (siehe hierzu auch die **KV 15** und **16**). In Anbetracht einer Vielzahl von Welten hielt Kant außerirdisches Leben für wahrscheinlich. Vielleicht verwendet er deswegen häufiger die Wendung, der Mensch sei „Herr über die Natur“, aber eben: „hier auf Erden“.

Student, Hauslehrer und Philosoph

Das Kant-Denkmal in Kaliningrad (Königsberg)

Im Jahr 1740 wurde Immanuel Kant in die „Liste der akademischen Bürger der Albertina" aufgenommen. Die Albertina war die einzige Universität im östlichen Preußen und 1544 gegründet worden. Der junge Student durfte Philosophie nicht im Hauptfach studieren, sondern nur als Philosophicum. Dabei handelt es sich um ein Nebenfach, das in philosophische Probleme einführt. Deshalb hörte der junge Kant zunächst Theologievorlesungen bei seinem ehemaligen Mentor Franz Albert Schulz. Darüber hinaus belegte Kant die Disziplinen Mathematik und Naturwissenschaften. Auf ein Stipendium verzichtete er, da er unabhängig bleiben wollte. Seinen Unterhalt verdiente der Student als Nachhilfelehrer. Darüber hinaus war er ein exzellenter Billardspieler, der beim Spielen fast immer Geld gewann. Nach dem Tod seines Vaters 1746 war Kant mittellos und nahm eine Stelle als Hauslehrer auf dem Land an, um sich und seine jüngeren Geschwister versorgen zu können. In seiner Pädagogikvorlesung, die er später als Professor im Studium generale halten musste, erinnerte er sich daran, dass es ihm schwergefallen sei, sich auf das Niveau seiner Schüler einzulassen. Er sei ein schlechter Kinderpädagoge gewesen.

Nachdem Immanuel Kant 1756 nach Königsberg zurückgekehrt war, veröffentlichte er seine erste große Schrift „Allgemeine Theorie und Naturgeschichte des Himmels" und hoffte darauf, damit eine Professur zu bekommen, was ihm der preußische König verweigerte. Die Schrift basierte auf der Physik von Isaac Newton (1643–1727). Sie ging von den zwei Grundkräften Zurückstoßungskraft und Anziehungskraft (Gravitation) aus und präsentierte eine moderne Theorie der Entstehung des Universums aus dem Chaos. Kant ging auch davon aus, dass es mehrere Galaxien im Universum gibt.

Chaos heißt ______________________________

1. Schreibt zu dem Kant-Denkmal einen Aphorismus, frei oder mit Begriffen aus dem Text.
2. Erklärt, warum Immanuel Kant ein Stipendium abgelehnt hat. Was versteht ihr darunter, dass er unabhängig bleiben wollte?
3. Projektvorschlag: Recherchiert in Zusammenarbeit mit dem Physikunterricht das Leben und Wirken von Isaac Newton. Haltet ein Kurzreferat zu seiner Gravitationstheorie.
4. *Wir philosophieren*: Erklärt den Begriff Chaos im Zusammenhang mit der Entstehung des Universums.

Über die Welt staunen

© stock.adobe.com/MiaStendal

„Das Weltgebäude versetzt
durch seine unermessliche Größe
und durch die unendliche Mannigfaltigkeit
und Schönheit, welche aus ihm
von allen Seiten hervorleuchtet,
in ein stilles Erstaunen."

Kant, Immanuel: Allgemeine Theorie und Naturgeschichte des Himmels. Hamburg: Tredition Cassics 2022, S. 79.

Ich staune in der Welt über ______

1. Gebt dem Aphorismus von Kant eine Überschrift. Vergleicht anschließend eure Ideen im Kurs.
2. Schreibt auf, worüber ihr in der Welt staunt. Lest einander eure Gedanken vor.
3. *Wir philosophieren*: Der griechische Philosoph Aristoteles (384–322 v. Chr.) sah im Staunen den Anfang der Philosophie. Erklärt, warum.

Himmel und Erde

„Zwei Dinge erfüllen das Gemüt mit immer neuer und zunehmender Bewunderung und Ehrfurcht, je öfter und anhaltender sich das Nachdenken damit beschäftigt: Der bestirnte Himmel über mir und das moralische Gesetz* in mir. “

* Hier ist der Kategorische Imperativ gemeint (siehe KV 2 und 3).
Kant, Immanuel: Kritik der praktischen Vernunft. Stuttgart: Reclam 2008, S. 232.

© stock.adobe.com/alesta

Ein Astronaut / Eine Astronautin beschreibt aus dem Raumschiff die Erde:

1. Schreibt auf, was ihr als Astronautin oder Astronaut beim Anblick des Planeten Erde denken würdet. Vergleicht eure Gedanken mit denen von Kant, der in den Himmel geschaut hat.
2. Vervollständigt im Kurs den Kettensatz: Himmel und Erde sind ... Jeder von euch äußert dazu einen Gedanken. Keiner darf wiederholen, was schon gesagt wurde.
3. *Wir philosophieren*: Kant war von dem „bestirnten Himmel“ über ihm ständig fasziniert. Stellt Vermutungen an, warum.

Weiterdenken: Zwei Kräfte wirken im Universum

© Shutterstock.com/Kisialiou Yury

Sechs Planeten, davon drei Begleiter haben, Mercur, Venus, die Erde mit ihrem Monde, Mars, Jupiter mit vier und Saturn mit fünf Trabanten, die um die Sonne als den Mittelpunkt Kreise beschreiben, nebst den Kometen, die es von allen Seiten her und in sehr langen Kreisen tun, machen ein System aus, welches man das System der Sonnen oder auch den planetischen Weltbau nennt. Die Bewegung aller dieser Körper, weil sie kreisförmig und in sich selbst zurückkehrend ist, setzt zwei Kräfte voraus, welche bei einer jeglichen Art des Lehrbegriffs gleich notwendig sind, nämlich eine schießende Kraft, dadurch sie in jedem Punkte ihres krummlinigen Laufes die gerade Richtung fortsetzen und sich ins Unendliche entfernen würden, wenn nicht eine andere Kraft, welche es auch immer sein mag, sie beständig nötigte diese zu verlassen und in einem, krummen Gleise zu laufen, der die Sonne als den ‚Mittelpunkt umfasst. Diese zweite Kraft, wie die Geometrie selber es ungezweifelt ausmacht, zielt allenthalben zu der Sonne hin und wird daher die sinkende, die Centripetalkraft, oder auch die Gravität genannt.

Kant, Immanuel: Allgemeine Theorie und Naturgeschichte des Himmels. Hamburg: Tredition Cassics 2022, S. 29.

Die Gravitationskraft bewirkt ____________________

____

____

____

____

1. Unterstreicht in dem Text Begriffe, die ihr nicht versteht. Klärt sie mithilfe des Internets.
2. Schreibt auf, was die Gravitationskraft bewirkt. Orientiert euch dabei auch an dem Bild oben auf der Seite.
3. Haltet in Zusammenarbeit mit dem Physikunterricht ein Referat über den Entdecker der Gravitationskraft Isaac Newton (1642–1727) und seine „Apfeltheorie". Immanuel Kant widmete seine erste große Schrift „Allgemeine Naturgeschichte und Theorie des Himmels" dem englischen Physiker.
4. *Wir philosophieren*: Kant nennt das Universum unendlich. Stimmt ihr zu? Begründet euren Standpunkt.

Weiterdenken: Ein Natur-Lehrbuch für Kinder und Jugendliche

Immanuel Kant (1724–1804, rechts) war in Königsberg mit dem Philosophen Johann Georg Hamann (1730–1788, links oben) befreundet. Beide wollten zusammen ein Lehrbuch über die Natur für Kinder und Jugendliche schreiben. Allerdings waren beide unterschiedlicher Meinung, was darin behandelt oder wie es gestaltet werden sollte. Sie fragten daraufhin Regina, Hamanns Tochter (links unten).

© Illustration: Dorina Tessmann

1. Bewertet mündlich die Aussagen von Kant und Hamann. Wo stimmt ihr zu und wo nicht? Begründet euren Standpunkt.
2. Welche Themen sollten in einem Lehrbuch über die Natur behandelt werden? Füllt die Sprechblasen von Regina aus eurer Perspektive aus.
3. Diskutiert zu zweit über eure Sprechblasen.
4. Gestaltet auf der Rückseite des Blattes ein Titelblatt für euer Lehrbuch über die Natur.

Die Welt ist schön

„Hier ist es aber schön!“ Für den Philosophen Immanuel Kant lässt sich die Schönheit der Natur zum Beispiel beim Sonnenuntergang oder im Wald leicht finden. Aber gilt das auch für jeden anderen Menschen? Ist Schönheit etwas, das in der Natur selbst zu finden ist, oder liegt sie im Auge jedes einzelnen Betrachters?

© Shutterstock.com/Stackers

1. Zeichnet in den Bilderrahmen den für euch schönsten Ort der Welt und beschreibt ihn.
2. *Wir philosophieren*: Bildet Gruppen nach Ähnlichkeiten zwischen euren Zeichnungen, etwa beim Thema oder Motiv. Diskutiert anschließend darüber, was eure Orte so schön macht. Gibt es Merkmale des Schönen, die für alle gelten? Begründet euren Standpunkt.
3. Gestaltet einen Eintrag vom schönsten Ort der Welt für euren Social-Media-Kanal.

Pfui Spinne! Die Castingshow der unbeliebten Tiere

Für den Philosophen Immanuel Kant hat alles in der Welt einen Zweck, nichts ist ohne Zweck und alles für irgendetwas gut. Selbst das Tier, vor dem wir uns am meisten ekeln, hat einen Zweck.

Das ekelhafteste Tier, das ich kenne:

1. Zeichnet das Tier, vor dem ihr euch am meisten ekelt, in den Rahmen. Versucht die Zeichnung möglichst genau anzufertigen. Erklärt anschließend schriftlich, warum ihr euch vor dem Tier ekelt. Benennt dabei die Teile und Elemente des Tieres, die euch besonders abstoßen.
2. Tauscht eure Zeichnungen untereinander und untersucht eure Tiere gegenseitig auf folgende Fragen hin:

a) Stellt Vermutungen darüber an, welchen Zweck die Körperteile oder Elemente des Tieres haben, vor dem sich der Zeichner / die Zeichnerin besonders ekelt.

b) Wozu dient das Tier im Hinblick auf andere Tiere? Beschafft euch, wenn möglich, weitere Informationen.

3. *Wir philosophieren*: Tauscht euch darüber aus, ob ihr das Tier jetzt weniger abstoßend findet, weil ihr nun über seinen Zweck nachgedacht habt. Geht dabei auch auf die Überlegung von Immanuel Kant ein.
4. Veranstaltet eine Castingshow der unbeliebten Tiere, in der jede/-r eine Lobesrede auf das Tier hält, vor dem sie/er sich am meisten ekelt. Stimmt anschließend ab, welches Tier euch nun am sympathischsten oder am wenigsten eklig erscheint.

Im Garten der Moral

Für den Philosophen Immanuel Kant fördert die Bewahrung des Schönen in der Natur die Moral; gemeint ist damit das moralisch gute Handeln der Menschen. Es ist nämlich so, dass die Bewunderung und Liebe zum Schönen darauf vorbereitet, etwas auch ohne Absicht auf irgendeinen Nutzen zu lieben. Darin liegt auch die Ähnlichkeit des Schönen mit der Moral. Denn wir sind nicht moralisch, weil es uns nützt, sondern weil wir erkennen, dass es vernünftig ist, moralisch gut zu handeln.

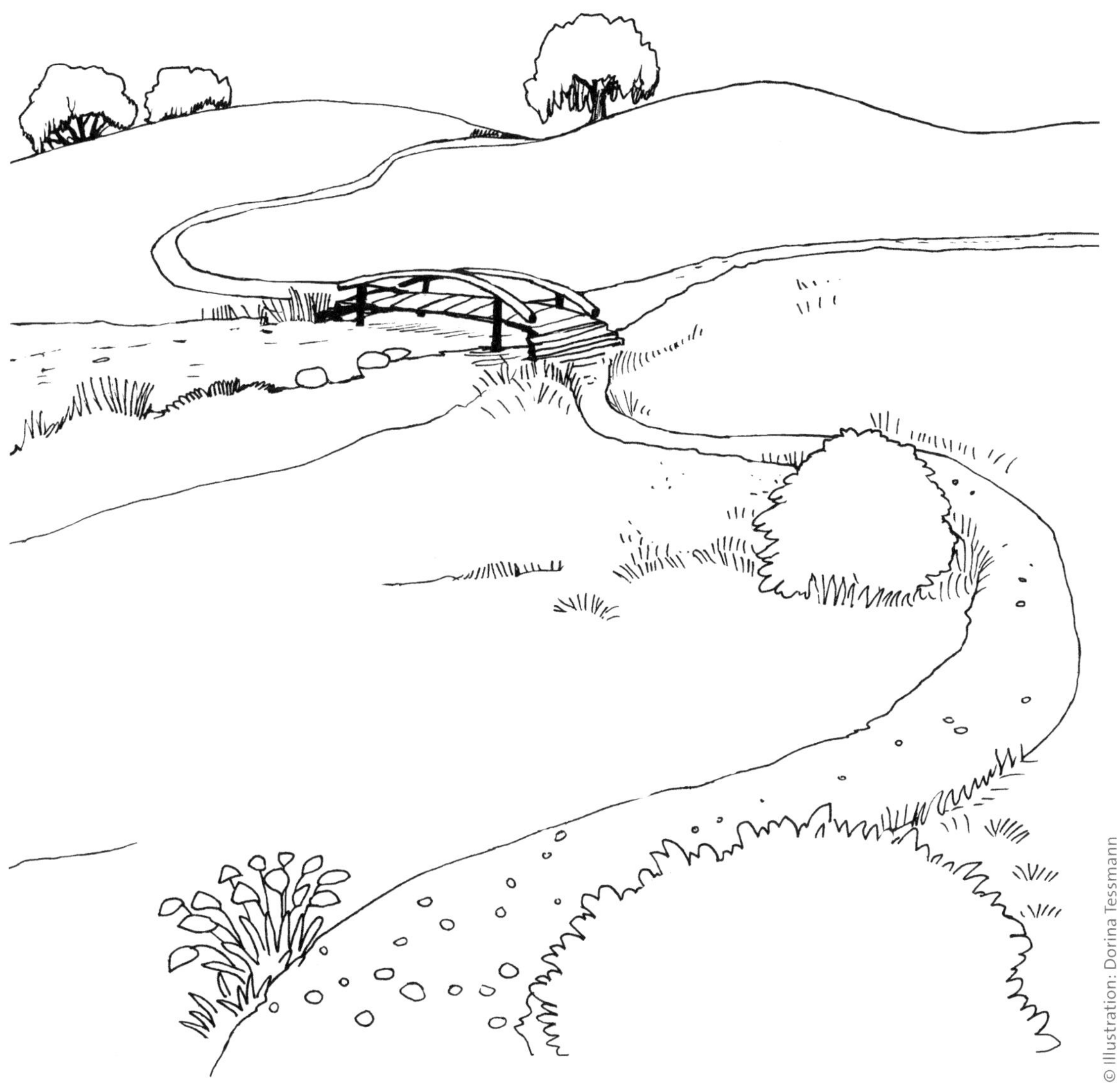

© Illustration: Dorina Tessmann

1. Sammelt in kleinen Gruppen gute Charaktereigenschaften (Tugenden).
2. Gestaltet einen Garten der moralischen Besserung. Wendet dabei die Methode der Gedankenlandkarte an: Überlegt euch zu den Tugenden natürliche Gegenstände, die für die Tugenden stehen sollen, und zeichnet diese dann in den Garten ein. Beschriftet die Gegenstände dort mit Bezeichnungen, anhand derer ihr die Tugenden erkennen könnt, wie z. B. die Rose der Liebe, die Eiche der Treue usw.
3. Präsentiert eure Gärten im Kurs.

Weiterdenken: Der „betitelte Herr“ der Natur

Immanuel Kant vertrat die Ansicht, dass der Mensch der „betitelte Herr der Natur“ sei. Denn während alles in der Natur Mittel zu einem Zweck und für irgendetwas gut sei, sei der Mensch kein Mittel zu einem Zweck, sondern Selbstzweck. Nicht nur das: Der Mensch sei auch der letzte Zweck in der Rangfolge aller Zwecke in der Natur und noch dazu als verständiges und vernünftiges Wesen deren Endzweck. Das mache ihn zum Herrn und Eigentümer der Natur – mit dem Anspruch auf deren Nutzung.

© Illustration: Dorina Tessmann

1. Diskutiert darüber, wogegen die Lebewesen protestieren könnten. Beschriftet anschließend die Schilder und Banner.
2. Das Verhältnis von Mensch und Natur, wie Immanuel Kant es verstanden hat, nennt sich Anthropozentrismus: Der Mensch begreift sich als Mittelpunkt der Welt. Diskutiert im Kurs darüber, ob und inwiefern der Mensch tatsächlich der Mittelpunkt der Welt ist.
3. *Wir philosophieren*: Was würde Immanuel Kant dazu sagen, dass der Mensch wie Tiere und Pflanzen auch nur ein Teil des Universums ist? Begründet euren Standpunkt.

II.3: Wahrheit und Lüge (KV 34–40)

HINWEISE FÜR LEHRKRÄFTE

Das Thema „Wahrheit und Lüge" hat für Jugendliche eine große lebensweltliche Relevanz, weil sie im Alltag unablässig damit konfrontiert sind: Soll ich den Eltern gegenüber eine Fünf in Mathematik verschweigen, schönreden oder gar eine bessere Note daraus machen? Heranwachsende kennen also die Thematik aus dem eigenen Erleben und müssen sich nicht erst mit großer Anstrengung hineindenken. Die Lehrkraft sollte jedoch in diesem Kontext deutlich machen, dass Immanuel Kants *striktes* Lügenverbot, das den Erfahrungen der Schüler/-innen fremd ist, unter keinen Umständen Notlügen zulässt. Methodisch arbeitet dieses Unterkapitel mit vielen *Aphorismen*, die im Unterricht interpretiert werden sollen und Anregungen geben für eigene Schreibmeditationen (siehe zum Beispiel auch die S. 81 / **KV 59** in diesem Buch).

KV 34: Wir beginnen mit einem Aphorismus Kants über das Lügen, den die Schüler/-innen deuten sollen. Als Interpretationshilfe kann die Lehrkraft die Jugendlichen bitten, sich zu überlegen, was Lügen in zwischenmenschlichen Beziehungen bewirken. Anschließend ist Kreativität gefragt, denn das Thema „Warum Menschen nicht lügen sollen" wird von den Jugendlichen grafisch gestaltet. Abschließend soll darüber diskutiert werden, warum eine Lüge nach Kants Ansicht moralisch verwerflich ist, auch wenn sie niemandem schadet. Hierzu sollen sich die Lernenden begründet positionieren.

KV 35: Das Thema „Notlüge" hat auch für Jugendliche eine große Alltagsrelevanz. Bevor in der **KV 36** Kants allgemeines Lügenverbot, das auch die Notlüge einschließt, thematisiert wird, sollen sich die Schüler/-innen dazu positionieren: Sind aus ihrer Sicht Notlügen erlaubt, wenn sie einen großen Schaden verhindern, oder sollte das Lügen generell moralisch verurteilt werden? Der eigene Standpunkt dient als Ausgangspunkt für die Auseinandersetzung mit der Position von Immanuel Kant.

K 36: Diese Kopiervorlage steht in engem Zusammenhang mit den **KV 2 und 3** über den Kategorischen Imperativ. In dem Text über das Lügenverbot werden die Hauptgedanken aus Kants Schrift dargestellt und am Ende der Kategorische Imperativ wiederholt. Die Hauptgedanken sollen zunächst mündlich zusammengefasst werden, bevor die Schüler/-innen Kant in einem Blog antworten, ob sie diese Position überzeugt. Diese Aufgabe dient als Vorbereitung für die **KV 37,** in der sich die Jugendlichen eine Strophe über Notlügen zu einem Gedicht ausdenken und beurteilen sollen, ob Notlügen eine positive oder negative Wirkung haben. Eine kreative Hausaufgabe könnte es sein, sich vorzustellen, wie eine Welt aussehen würde, in der jeder jeden belügen dürfte.

KV 37: Die Lernenden befassen sich mit einer kreativen Anwendungsaufgabe mit erhöhtem Schwierigkeitsgrad. Sie sollen sich zu dem Gedicht von Erich Fried eine ergänzende Strophe über Notlügen ausdenken (siehe hierzu auch die **KV 36**). Zuvor könnte der Dichter Erich Fried in einer Kurzbiografie vorgestellt werden. In der Gedichtinterpretation sollte auf jeden Fall in der letzten Strophe geklärt werden, warum Lügen der Wahrheit „Gebeine" machen können. Die dritte Arbeitsaufgabe verweist direkt auf die **KV 36**: Die Schüler/-innen sollen sich überlegen, was Immanuel Kant zu dem Gedicht sagen könnte.

KV 38: Diese Kopiervorlage hat ebenfalls ein erhöhtes Niveau. Sie umfasst einen Aphorismus von Immanuel Kant zur Wahrhaftigkeit. Um den Schüler/-innen den Zugang zu diesem abstrakten Zitat zu erleichtern, beginnen wir mit dem Problem des Sich-Verstellens anhand von Masken. Die Jugendlichen sollen zu diesem Thema selbst einen Aphorismus schreiben

(Aufgabe 1) und selbstkritisch überlegen, wo und wann sie selbst schon einmal eine Maske getragen haben. Danach wird der Aphorismus von Kant im Kurs laut vorgelesen. Anschließend formulieren die Lernenden den Unterschied zwischen Wahrheit und Wahrhaftigkeit: Bei der Wahrheit über eine Sache kann man sich zwar irren, aber nicht in der Absicht, die Wahrheit zu sagen.

KV 39: Die Schüler/-innen lernen einen Originaltext von Kant kennen, der sprachlich etwas vereinfacht wurde. Sie sollen zunächst im Text Stellen unterstreichen, die etwas darüber aussagen, warum Kant Kinder, die lügen, nicht bestrafen will. Nach der Einzelarbeit sollte im Kurs über diese Frage diskutiert werden. Danach nehmen die Jugendlichen einen Perspektivwechsel vor. Sie versetzen sich in die Lage von Eltern und schreiben auf, wie sich Eltern verhalten sollten, wenn sie feststellen, dass ihre Kinder lügen (Aufgabe 2). Abschließend wird darüber philosophiert, ob Menschen für moralisch gutes Handeln belohnt und für moralisch schlechtes Handeln bestraft werden sollten (Aufgabe 3). Diese Kopiervorlage hat ein erhöhtes Niveau.

KV 40: Diese Kopiervorlage steht in einem engen Zusammenhang mit der **KV 38**, in der Immanuel Kant in einem Aphorismus anführt, dass Menschen sich bei der Wahrheit auch irren können. Deshalb sollen die Schüler/-innen zum Schluss Wahrheit, Lüge und Irrtum unterscheiden. Die Auflösung der Tabelle lautet: 1 = Irrtum; 2 = Irrtum; 3 = Wahrheit; 4 = Irrtum; 5 = Lüge; 6 = Lüge; 7 = Wahrheit; 8 = Wahrheit.

Ein mögliches Tafelbild zur Begriffsunterscheidung wäre:

Wahrheit	**Lüge**	**Irrtum**
Orientierung an Fakten und Erfahrungen	Jemand sagt vorsätzlich die Unwahrheit	Jemand meint, die Fakten zu kennen

Nach der Erarbeitung des Tafelbildes sollten sich die Schüler/-innen mit der Aufgabe 3 beschäftigen und das Sprichwort interpretieren. Wichtig ist, dass bei der Lüge im Sinne Kants die Vorsätzlichkeit betont wird (siehe **KV 34**). Zum Abschluss sollte das Bild gedeutet werden; zuvor überlegt sich jede/-r einen Bildtitel.

Die Lüge als vorsätzliche Unwahrheit

Die Lüge als vorsätzliche Unwahrheit
bedarf es nicht, anderen schädlich zu sein.

Immanuel Kant

Kant, Immanuel: Die Metaphysik der Sitten. Stuttgart: Reclam 2011, S. 313.

Die Lüge als vorsätzliche Unwahrheit bedeutet für mich ____________________

____

____

____

____

____

Warum Menschen nicht lügen dürfen

1. Erklärt den Ausspruch von Immanuel Kant. Vergleicht anschließend eure Ideen im Kurs.
2. Stellt euch vor, ihr solltet für eine Werbeagentur eine Zeichnung oder ein Foto zum Thema „Warum Menschen nicht lügen dürfen" entwerfen – entwickelt eure Idee in der Umrandung. Legt eure Skizzen anschließend in einen Kreis oder pinnt sie an und diskutiert darüber. Ihr könnt sie danach im Schulgebäude aushängen.
3. *Wir philosophieren:* Diskutiert im Kurs darüber, warum eine Lüge für Immanuel Kant moralisch schlecht ist, auch wenn sie niemandem schadet. Stimmt ihr zu? Begründet euren Standpunkt.

Die Notlüge

© Shutterstock.com/Stock video footage

Würdest du dem Jungen die Wahrheit sagen?

1. Schreibe auf, ob du die Wahrheit sagen würdest, und begründe, warum oder warum nicht.
2. Lest eure Antworten im Kurs vor. Diskutiert anschließend darüber, ob ihr in allen Situationen immer die Wahrheit sagen würdet. Begründet euren Standpunkt.
3. *Wir philosophieren:* Was ist für euch eine Notlüge? Sammelt an der Tafel oder dem Whiteboard Begriffe, mit denen ihr eine Notlüge näher definieren könnt. Versucht anschließend, mündlich eine Definition zu formulieren.

Warum der Mensch nicht lügen darf

Immanuel Kant hat 1797 eine kleine Abhandlung zum Thema Lügen geschrieben: *Über ein vermeintes Recht aus Menschenliebe zu lügen*. Darin wendet er sich streng gegen jede Art von Lüge. Kant erklärt, dass er sogar dann nicht lügen würde, wenn er einen unschuldigen Freund verraten müsste, der sich bei ihm vor einem gemeinen Mörder versteckt. Er begründet sein absolutes Lügenverbot damit, dass eine Welt, in der Lügen erlaubt wären, eine schlechte Welt wäre. Es gäbe dann nämlich kein Vertrauen mehr darauf, dass die Menschen immer die Wahrheit sagen. Wahrheit ist für Immanuel Kant demzufolge wichtiger als andere Werte wie zum Beispiel Freundschaft.

Immanuel Kant forderte, dass die Menschen immer die Wahrheit sagen und keine einzige Ausnahme zulassen. Denn sobald es in der Gesellschaft Ausnahmen gebe, werde eine wichtige Regel verletzt, die für die menschliche Vernunft gilt. Diese Regel ist für Kant eine Art Grundgesetz und muss von den Menschen in allen Situationen ihres Lebens beachtet werden.
Sie lautet als *Kategorischer Imperativ* wie folgt: „Handle so, dass die Maxime deines Willens jederzeit zugleich als Prinzip einer allgemeinen Gesetzgebung gelten könnte."
Mit dieser Regel fordert Kant dazu auf, bei allem, was wir tun, immer an die Folgen für das eigene Handeln sowie für das Handeln aller anderen Menschen zu denken. Denn wie sähe wohl eine Welt aus, in der Lügen erlaubt wären? Da das nach Kant vernünftigerweise keiner wirklich will, dürfen die Menschen auch nie lügen.

Mein Philo-Blog über Immanuel Kant

1. Fasst mit eigenen Worten mündlich zusammen, warum es für Immanuel Kant keine Ausnahmen beim Lügen geben kann. Lest hierzu auch noch einmal die KV 2 und 3.
2. Schreibt einen Philo-Blog über Immanuel Kant. Begründet darin, ob ihr sein Lügenverbot teilt oder nicht. Ihr könnt auch auf der Rückseite des Blattes weiterschreiben.
3. *Wir philosophieren:* Wie stellt ihr euch eine Welt vor, in der Lügen im Sinne von Kant ein allgemeines Gesetz wären? Sammelt zunächst Ideen an der Tafel oder dem Whiteboard. Schreibt anschließend zu Hause eine kleine Geschichte dazu.

Weiterdenken: Die großen Lügen

© Shutterstock.com

Die großen Lügen
haben gar keine
kurzen Beine

Ihre Beine
wirken nur kurz
weil ihre Arme
so lang sind

Die Arme
der großen Lügen
reichen so weit
dass sie der Wahrheit
Beine machen können
oder Gebeine

Erich Fried

Fried, Erich: Die großen Lügen. Aus: Fried, Erich: Die Beine von größeren Lügen; Unter Nebenfeinden; Gegengift. Drei Gedichtsammlungen. Berlin: Klaus Wagenbach 1999, S. 73.

Deine Strophe

Notlügen aber ____________________

____

____

____

1. Denkt euch eine vierte Strophe aus, in der ihr auf die Notlüge eingeht. Vergleicht eure Ideen im Kurs.
2. Stellt einen Zusammenhang zwischen dem Bild und dem Gedicht her.
3. *Wir philosophieren*: Was würde Immanuel Kant zu dem Gedicht sagen? Lest noch einmal die KV 36.

Weiterdenken: Wahrhaftigkeit

© Shutterstock.com/Cristina Conti

Masken und Wahrheit ______________________________

____

Wahrhaftigkeit

Dass das, was jemand sich
oder einem anderen sagt, wahr sei:
dafür kann er nicht jederzeit stehen,
denn er kann sich irren.
Dafür aber kann und muss er stehen,
dass sein Bekenntnis oder Geständnis
wahrhaftig sei: denn dessen
ist er sich unmittelbar bewusst.

Kant, Immanuel: Über das Misslingen der Theodizee. In: Kant, Immanuel: Schriften zur Anthropologie, Geschichtsphilosophie, Politik und Pädagogik I. Frankfurt a. M.: Suhrkamp 2022, S. 120.

Der Unterschied zwischen Wahrheit und Wahrhaftigkeit besteht für Immanuel Kant darin, ______

____

____

____

1. Schreibt einen Aphorismus zu Masken und Wahrheit. Stellt eure Sprüche nacheinander als Gedankenkette im Kurs vor.
2. Erzählt Situationen, in denen ihr auch schon einmal eine Maske getragen habt.
3. Gebt schriftlich mit eigenen Worten wieder, welcher Unterschied für Kant zwischen Wahrheit und Wahrhaftigkeit besteht. Ihr könnt auf der Rückseite weiterschreiben.
4. *Wir philosophieren*: Sprecht darüber, warum Menschen immer wieder Probleme damit haben, wahrhaftig zu sein.

Weiterdenken: Lügen und strafen

Die moralische Kultur muss sich auf Maximen[1] gründen, nicht auf Disziplin. Letztere verhindert die Unarten, Maximen fördern das Nachdenken. Deshalb sollten Kinder sich daran gewöhnen, nach Maximen zu handeln. Durch Disziplin bleibt nur die Angewohnheit zum Gehorsam übrig, die mit den Jahren verlöscht. Kinder sollen nach Maximen handeln lernen, deren Richtigkeit sie selbst einsehen. Dass dies bei jungen Kindern schwer zu bewirken ist, und die moralische Bildung daher auch die meisten Einsichten von Seiten der Eltern und der Lehrer erfordert, sieht man leicht ein.

Wenn ein Kind z. B. lügt, muss man es nicht bestrafen, sondern ihm mit Verachtung begegnen, ihm sagen, dass man ihm in Zukunft nicht glauben werde. Bestraft man das Kind aber, wenn es Böses tut, und belohnt es, wenn es Gutes tut, so tut es Gutes, um es gut zu haben. Kommt es nachher in die Welt, wo es nicht so zugeht, wo es Gutes tun kann, ohne eine Belohnung, und Böses, ohne Strafe zu empfangen, so wird aus ihm ein Mensch, der nur sieht, wie er gut in der Welt fortkommen kann, und gut oder böse ist, je nachdem er daraus einen Vorteil ziehen kann.

[1] allgemeine Prinzipien

Nach Immanuel Kant

Kant, Immanuel: Schriften zur Anthropologie, Geschichtsphilosophie, Politik und Pädagogik II. Frankfurt a. M.: Suhrkamp 2015, S. 740.

Wenn Kinder lügen, sollten Eltern ______________________________

____

____

____

____

____

____

____

____

1. Erklärt mit eigenen Worten, warum Immanuel Kant vermeiden will, dass Kinder bestraft werden, wenn sie lügen. Unterstreicht entsprechende Stellen im Text.
2. Stellt euch vor, ihr wärt Eltern. Schreibt auf, was Eltern machen sollten, wenn ihre Kinder lügen. Vergleicht eure Ideen im Kurs. Ihr könnt auf die Gedanken von Kant zurückgreifen, müsst es aber nicht.
3. *Wir philosophieren:* Belohnung für Gutes und Strafe für Böses führt nach Ansicht von Kant nicht dazu, dass Menschen moralisch gut handeln. Stimmt ihr dieser Auffassung zu? Begründet euren Standpunkt.

Wahrheit – Lüge – Irrtum

© Shutterstock.com

____

____

	W	L	I
1. Wenn Jana 24 Euro hat, hat sie einen Viertel-Hunderter.	☐	☐	☐
2. Der Schrankenwärter setzte das Signal auf Grün, weil er meinte, der Zug sei schon vorbeigefahren.	☐	☐	☐
3. Harry Potter ist eine Fantasiegestalt.	☐	☐	☐
4. Die Mutter fuhr nicht zur Schule, weil sie dachte, ihr Sohn sei schon zu Hause. Er stand derweil im Regen und wartete auf sie.	☐	☐	☐
5. Erhan sagte seinen Eltern, dass er eine Zwei in Mathe geschrieben habe, obwohl unter der Arbeit eine Fünf stand.	☐	☐	☐
6. Sanna sagte zu ihren Eltern, sie sei bei ihrer Freundin, ging aber auf eine Party.	☐	☐	☐
7. Ein Freund oder eine Freundin ist jemand, dem oder der du vertrauen kannst.	☐	☐	☐
8. Immanuel Kant wurde in Königsberg geboren.	☐	☐	☐

1. Kreuze an, was zutrifft. Vergleicht eure Ergebnisse zu zweit. Begründet mündlich, warum ihr eure Kreuze bei dem entsprechenden Begriff gesetzt habt.
2. Erklärt mündlich, was das Bild oben mit Wahrheit, Lüge oder Irrtum zu tun haben könnte. Findet einen entsprechenden Bildtitel, und schreibt ihn unter das Bild.
3. *Wir philosophieren:* Ein Sprichwort besagt: Der Irrtum steht zwischen Lüge und Wahrheit. Trifft es eurer Meinung nach den Kern? Begründet euren Standpunkt.

II.4: Kant und Gott (KV 41–48)

HINWEISE FÜR LEHRKRÄFTE

Es gehört bekanntlich zu den vielzitierten Vorhaben der Vernunftkritik, die spekulative Vernunft so in ihre Schranken zu weisen, dass der Glaube, die Religion wieder Platz habe. Die Glaubensinhalte, die Religionen so besonders machen, z. B. Lehren von Gott oder der Unsterblichkeit, bestehen aus spekulativen Sätzen, die sich oft auf höhere geistige Einsicht berufen, oder aus Dogmen, die sich aus metaphorischen Erzählungen alter Zeiten ableiten lassen sollen. Kants Kritik bedeutet im Hinblick auf Religionen eine Grenzziehung zwischen den vernünftigen Elementen und dem unvernünftigen Beiwerk. Bei Religionen besteht nach Kant stets die Gefahr, dass man das Unwesentliche für das Wesentliche hält, also etwa Rituale und Zeremonien begeht, aber die Moral, die ja den Kern der Religion bilden sollte, vernachlässigt. Religiöse Inhalte und Praxis müssen sich vor der Vernunft rechtfertigen lassen. Gerade bei diesem Thema erkennen wir den zentralen moralischen Fluchtpunkt der philosophischen Bemühungen Kants.

KV 41: Die Fragen und Eindrücke, die sich angesichts des gestirnten Himmels über uns stellen, bilden den Auftakt zum Thema Gott und Religion. Der intuitive Zugang gibt den Schüler/-innen Gelegenheit, die „großen Fragen" zu artikulieren, die auch den thematischen Rahmen der folgenden KV abstecken.

KV 42: Diese KV stellt den Gottesbegriff Kants vor, der allerdings recht voraussetzungsvoll ist und hier didaktisch reduziert zum Weiterdenken dargestellt wird. Kants zentrales Argument ist, dass die Einsicht in die Notwendigkeit, moralisch zu sein, zur Annahme der Existenz Gottes führt. In Anbetracht des unvernünftigen Elends und Unrechts in der Welt ist es zum Verzweifeln, wenn man ohne die Annahme von Gott und Unsterblichkeit trotzdem moralisch bleibt. Da es zudem widervernünftig ist, das moralische Gesetz aufzugeben, ist es vernünftig, einen Gott als Ideal zu postulieren, um der eigenen moralischen Bestimmung weiterhin zu entsprechen und die Möglichkeit des Zusammenfalls von tugendhafter Existenz und Glückseligkeit zu erhalten. Dieser Gedankengang wird von den Schüler/-innen durch das Nachdenken über Orientierungen an Gott nachvollzogen.

KV 43: Der Zusammenhang zwischen Religion und Moral kann gut über die philosophische Perspektive auf Wunder bzw. den Zusammenhang zwischen Offenbarungen und moralischen Handlungen erfolgen. Kant kritisiert das Wunder insbesondere als Motivation für gute oder böse Handlungen. Denn Wunder können z. B. gutes Verhalten nicht legitimieren, das kann nur ein guter Wille bzw. das moralische Gesetz. Das hier gewählte Beispiel ist dem Bericht über Paulus und sein Erlebnis bei Damaskus nachempfunden (Apg 7,58ff.). In der Diskussion und der Gerichtsverhandlung über den ungenannten Paulus sollten unterschiedliche Perspektiven auf Handlungsmotivationen deutlich werden und die Frage nach deren moralischem Wert diskutiert werden.

In der **KV 44** wird das Problem moralischer Motivation wiederum auf ein Wunder bezogen, das nun aber in einer schülerorientierten Thematik im Rahmen eines Schulpreises aufgegriffen wird. Das Problem ist hier, dass die Schülerin, die den Preis bekommen soll, ein schlimmes Ereignis, das sie als Wunder bezeichnet (was eigentlich nicht stimmt, denn ein Wunder ist ein Bruch der Naturgesetze), als moralischen Wendepunkt interpretiert. Die Lernenden diskutieren daher, wie die Hilfe moralisch zu beurteilen ist, wenn sie nicht rein intrinsisch motiviert ist.

Die **KV 45** erzählt von einem abergläubischen Kapitän, der sich wegen unterschiedlicher schlechter Zeichen weigert, die Kiste von Immanuel Kant nach London zu bringen. Die aufgezählten Gründe sind zwar nicht frei erfunden, sollten allerdings kurios genug sein, um von den Lernenden als Aberglaube erkannt zu werden. Die Lernenden diskutieren anschließend, im Hinblick auf die Einwände Kants, unterschiedliche Arten des Umgangs mit solchen abergläubischen Ansichten, indem sie eine Theaterszene vorbereiten.

Die **KV 46** problematisiert anhand des Aberglaubens (und des Begriffs, den Kant davon hat) unvernünftige Handlungsmotivationen und Begründungen. Kants Unterscheidung zwischen religiösem Aberglaube und religiöser Schwärmerei kommt dabei eine ordnende und orientierende Funktion zu, regt aber auch dazu an, weitere Beispiele zu finden. Das Museum des Aberglaubens führt viele unterschiedliche und auch persönliche Formen vor. Die abschließende Frage nach der Toleranz unterschiedlicher Formen von Aberglauben kann gut an das übergeordnete Thema anknüpfen und von den Schüler/-innen auf andere Formen des Fürwahrhaltens angewandt werden.

Die **KV 47** ist dem klassischen kosmologischen Gottesbeweis gewidmet. Die übergeordnete Fragestellung ist, ob Glaubenssachen in einem rationalen Sinne bewiesen werden müssen, damit sie (als wahr) gelten können, oder ob sie bloß geglaubt werden können – im Sinne unzureichenden oder unsicheren Wissens. Dem kosmologischen Gottesbeweis liegt die Vorstellung einer Verkettung von Ursache und Wirkung zugrunde, die nicht bis ins Unendliche fortgeführt werden kann (infiniter Regress). Die Visualisierung (Aufgabe 1) veranschaulicht den Beweis und bindet ihn an die Lebenswelt der Schüler/-innen an. Der Beweis lässt sich leicht als syllogistischer Schluss darstellen (Tafelbildvorschlag):

Axiome (unbewiesene Voraussetzungen): 1. Satz vom Grund: Alles hat einen Grund (Ursache); 2. Ein infiniter Regress ist nicht möglich.

P1) Es muss (genau) eine erste Ursache, die nicht eine Wirkung ist, geben. (Folgt aus Axiom 1 und 2)

P2) Gott ist absolut und nicht verursacht.
Konklusion: Also ist Gott die erste Ursache.

KV 48: Die vernünftige Überzeugung, dass die tugendhafte und moralische Existenz auch glückselig werde, also Tugend und Glückseligkeit in einem proportionalen Verhältnis stünden, führt nach Kant notwendig dazu, bei unseren Handlungen Gott und Unsterblichkeit annehmen (postulieren) zu müssen. Durch ein tugendhaftes Verhalten nach dem moralischen Gesetz wird man nach Kant aber zunächst bloß glückswürdig – Glückseligkeit mag dann ein Gott ergänzen. Damit ist für Kant aber klar: Die Moral erkennen und befolgen wir durch unsere Vernunft; daraus folgt wiederum, dass wir uns einen Gott postulieren, der zu dem moralischen Gesetz passt, das wir erkannt haben. Das stellt das übliche Gottesverständnis der Offenbarungsreligionen auf den Kopf. Das wird in der KV deutlich, wo die Schüler/-innen diesen Gedankengang methodisch nachvollziehen, indem sie eine utopische Insel mit Anwärtern auf Glückseligkeit entwerfen und moralische Kriterien diskutieren, die sie bei der Verteilung von Glückseligkeit zugrunde legen würden.

Fragen an Gott und die Welt

© Shutterstock.com

Immanuel Kant ging mit seinen beiden Freunden David Ruhnken (1723–1798) und Johann Cunde (1724–1759) nach dem Unterricht immer auf das Dach des Friedrich-Gymnasiums, an dem er in Königsberg Schüler war. Dort konnten die drei Freunde durch ein Fernrohr in den Himmel schauen und Fragen an Gott und die Welt stellen, wie zum Beispiel: Wenn es Gott gibt, woran könnte man ihn erkennen?

Meine Fragen an Gott und die Welt

1. Schreibt eure Fragen an die Welt auf.
2. Bildet kleine Gruppen und vergleicht eure Fragen. Diskutiert darüber, was ihr zur Beantwortung der Fragen wissen müsst. Sortiert abschließend eure Fragen nach der Schwierigkeit, sie zu beantworten.
3. Stellt eure Ergebnisse im Kurs vor und diskutiert die Frage, ob der Mensch die Möglichkeit hat, Gott zu erkennen.

Weiterdenken: Gott als Orientierung

Für Immanuel Kant war klar, dass wir Menschen moralisch handeln sollen; dies erkennen wir durch die Vernunft. Doch werden wir dadurch auch glücklich? Die Frage, ob der gute Mensch auch glücklich ist, also ob Gutsein glücklich macht, würden wir zunächst wohl eher verneinen. Macht z. B. Ehrlichkeit glücklich? Ist es nicht in manchen Situationen besser zu lügen, um Unglück zu vermeiden? Kant hat hier widersprochen (siehe auch KV 34–36). Wir müssen moralisch bleiben und daher müssen wir auch annehmen, dass es Gott gibt. Denn da wir durch die Vernunft wissen, dass wir moralisch handeln sollen, wäre es gegen die Vernunft, unmoralisch zu sein. Wollen wir also unser moralisches Handeln nicht aufgeben, müssen wir annehmen, dass der letzte Zweck, nämlich die Vereinigung von Moral und Glück, möglich ist und dass es einen Gott gibt, der das garantiert.

1. Füllt die Gedankenblasen mit Informationen aus dem Text aus.
2. Vergleicht eure Gedankenblasen in kleinen Gruppen.
3. *Wir philosophieren*: Diskutiert die Frage, ob jemand durch die Orientierung an Gott auch glücklich werden kann. Fertigt dazu auf der Rückseite des Blattes eine Tabelle an, in der ihr Pro- und Kontra-Argumente notiert.

Der Angeklagte und das Wunder

© Illustration: Dorina Tessmann

Der Gegenstand der Anklage
Eine Person wird wegen zahlreicher Verbrechen angeklagt. Es ist bewiesen, dass der Angeklagte bei der Verfolgung einer unterdrückten Glaubensgemeinschaft mitgewirkt hat. So war er bei der Steinigung einer unrechtmäßig angeklagten Person anderen Glaubens zugegen, verhinderte diese nicht, sondern gab lautstark zu verstehen, dass er diese Tat begrüßte. Zudem wird berichtet, dass er sich gewaltsam Zugang zu Wohnungen und Häusern verschaffte, diese verwüstete und die Bewohner grundlos und ohne Anklage gewaltsam in Gefängnisse verschleppen ließ. Zudem beauftragte er zahlreiche weitere Personen mit der Verfolgung weiterer Angehöriger der Glaubensgemeinschaft.
Der Angeklagte zeigt nun allerdings Reue. Denn ihm sei eine bereits verstorbene Person der Gruppe der Verfolgten leibhaftig erschienen. Dieses Wunder habe ihn von der Falschheit seiner früheren Verbrechen überzeugt. Außerdem wolle der Angeklagte nun gute Taten für diese Minderheit tun.

Ich habe (kein) Verständnis für den Angeklagten …

___

___

___

___

1. Bildet Gruppen und verfasst Plädoyers aus den Perspektiven der Anklage und der Verteidigung. Begründet abschließend euer persönliches Urteil.
2. Spielt die Gerichtsverhandlung in verteilten Rollen (Richter, Angeklagter, Staatsanwalt und Anwalt des Angeklagten) nach.
3. Vergleicht eure Urteilsbegründungen in der Klasse und diskutiert das Strafmaß.
4. *Wir philosophieren*: Der Philosoph Immanuel Kant (1724–1804) schrieb, dass ein Richter bei der Beurteilung einer Tat göttliche Einwirkungen oder Wunder nicht berücksichtigen dürfe. Diskutiert, was diese Forderung für die Beurteilung von Menschen bedeutet, die Gutes tun, weil sie etwas Wunderbares erlebt haben.

Der Preis

In eurer Schule haben die Lehrerinnen und Lehrer beschlossen, dass ein Preis für die/den hilfsbereiteste/-n und vorbildlichste/-n Schüler/-in vergeben werden soll. Ihr seid in die Jury zur Verleihung des Preises berufen worden. Lisa soll den Preis gewinnen, aber Vladimir hat Einwände.

Ihr habt mich nach einer Begründung gefragt? Warum ich das tue? Ich habe den Kindern der #Geflüchteten Nachhilfeunterricht gegeben, weil ich vor wenigen Monaten etwas #Wunderbares erlebt habe. Wild! 😬 Ich ging gerade mit meinem Hund spazieren, da bebte leicht die Erde, die Sonne verdunkelte sich kurz (sus) und ich fiel um. Die Ärzte sagten mir nach der OP, es sei ein Wunder, dass ich das Blutgerinsel im Kopf überlebt habe. Da habe ich verstanden: Gott wollte mir etwas sagen. Seitdem sehe ich die Menschen anders. Fühl ich voll! Seitdem helfe ich, wo ich nur kann!

Like Comment Share

Ich finde gut, was Lisa macht. Aber den Preis würde ich ihr nicht geben, selbst wenn das vielleicht wirklich ein Wunder war. Auch Kant hat darüber geschrieben und behauptet, dass es kein Wunder braucht, um ein besserer Mensch zu werden, denn das wird man durch seinen guten Willen. Lisa aber brauchte dieses Wunder, um zu helfen.

Like Comment Share

Was würdest du als Mitglied der Jury sagen? Gestalte hier deinen Post ________

____

____

____

____

____

____

____

Like Comment Share

1. Schreibe einen Post als Mitglied der Jury.
2. Vergleicht eure Ergebnisse in Kleingruppen. Stimmt untereinander ab, ob Lisa den Preis bekommen soll, und verfasst eine gemeinsame Begründung für eure Entscheidung.
3. *Wir philosophieren*: Es braucht kein Wunder, um ein besserer Mensch zu werden. Stimmt ihr zu? Begründet eure Entscheidung.

Der abergläubische Kapitän

Immanuel Kant wohnte in der Hafenstadt Königsberg. Vielleicht hat sich eines Tages die folgende Geschichte dort abgespielt: Schon seit langer Zeit wollte Immanuel Kant eine Kiste mit seinen Büchern nach London schicken. Zu diesem Zweck nahm er die gepackte Kiste und ging zum Hafen, wo er nur noch ein einziges Schiff vorfand, das nach London abgehen sollte. Doch als er den abergläubischen Kapitän vor seinem neuen Schiff im Hafen fragte, ob er die Kiste nach London bringen könne, brach dieser in Tränen aus und antwortete mit bebender Stimme, dass dies mit ihm und diesem Schiff zurzeit unmöglich sei. Denn viele Gründe sprächen im Augenblick dafür, dass der liebe Gott ihn auf hoher See würde untergehen lassen.

A. Seeleute, die schwimmen können, erleiden Schiffbruch. Leider habe ich versehentlich das Schwimmen erlernt!
B. Das Schiff wurde durch ein Missverständnis auf Astra getauft. Schiffsnamen dürfen nicht auf „a“ enden! Das bringt Unglück!
C. Der Maat hat versehentlich das Ruder grün gestrichen! Das ist die Farbe Neptuns, das darf man nicht.
D. Der Sherry ist in Königsberg ausgegangen. Und man muss vor der Fahrt einen Schluck des Getränkes über die Bordwand gießen.
E. Noch dazu hat der Steuermann seine Fußnägel an Bord geschnitten. Das bedeutet den sicheren Untergang!
F. Auf der letzten Fahrt hat mir Gott während eines Gewittersturms befohlen, nicht wieder abzulegen, bis er es mir erlaubt hat.

1. Formuliert auf der Rückseite des Arbeitsblattes eine Antwort an den Kapitän.
2. Vergleicht eure Antworten zu zweit. Sammelt eure Argumente und sortiert sie nach ihrer Überzeugungskraft.
3. *Wir philosophieren:* Immanuel Kant war der Meinung, dass der Glaube, wir könnten Gottes Handeln durch bestimmte äußerliche Handlungen, Rituale und Glücksbringer beeinflussen oder Gott gar höchstpersönlich in einer Vision sehen, Aberglauben sei. Inszeniert ein Gespräch zwischen euch, Kant und dem Kapitän.

Aus dem Museum des Aberglaubens

Dreimal auf Holz klopfen, einen Glücksbringer tragen oder das Horoskop beachten – viele Menschen sind davon überzeugt, dass bestimmte Handlungen oder Gegenstände Glück bringen. Der Glaube, dass es das Schicksal, Gott oder die Götter günstig beeinflussen könne, wenn man bestimmte Rituale ausführt oder „magische" Gegenstände bei seinen Handlungen berücksichtigt, ohne dabei von sich aus ein guter Mensch zu sein, nannte der Aufklärer und Philosoph Immanuel Kant Aberglaube oder abergläubischen Wahn. Die mögliche Steigerung wäre nach Kant religiöse Schwärmerei, wenn beispielsweise jemand davon überzeugt ist, durch den Blick in eine Glaskugel oder durch eine Vision mit Gott oder den Göttern direkt kommunizieren zu können. Aber warum glauben Menschen noch an solche Dinge? Gehört der Aberglaube nicht längst in ein Museum?

© Shutterstock.com/gillmar

1. Zeichnet einen Gegenstand, ein Symbol oder den Vorgang eines euch bekannten Aberglaubens in den Rahmen. Ihr könnt auch einen ganz persönlichen Aberglauben wählen, z. B. dass diese oder jene Socken euch bei der Mathearbeit Glück bringen.
2. Verfasst eine kurze Erklärung eures Aberglaubens. Ihr könnt dabei die Ansicht Kants berücksichtigen.
3. Gestaltet nun eine Ausstellung zum Thema Aberglaube im Kurs. Ihr könnt dazu passende Gegenstände mitbringen.
4. *Wir philosophieren*: Diskutiert abschließend die Frage, ob Aberglaube gut oder schlecht ist.

Weiterdenken: Lässt sich beweisen, dass es Gott gibt?

Schon sehr früh haben sich die Menschen gefragt, ob sich das Dasein Gottes ohne die Hilfe eines heiligen Buches beweisen lässt. Thomas von Aquin (1225–1274) war ein mittelalterlicher Philosoph, der alle ihm bekannten Beweise für das Dasein Gottes gesammelt hat. Immanuel Kant kritisierte Thomas von Aquins Gottesbeweis.

Es muss einen ersten Beweger geben

Thomas von Aquin (1225–1274) geht von dem Grundsatz aus, dass alles, was bewegt ist, durch etwas bewegt worden sein muss. Damit steht auch fest, dass nichts Bewegtes sich von selbst bewegt haben kann. Doch kann man diese Reihe nicht ins Unendliche fortführen – woher sollte dann die Bewegung kommen? Sondern irgendwann muss es eine erste Bewegung, eine erste Ursache gegeben haben. Diesen ersten unbewegten Beweger nennen wir nach Ansicht von Thomas von Aquin Gott.

Vom Zufälligen lässt sich nicht auf etwas Notwendiges schließen

Immanuel Kant (1724–1804) kritisiert diesen Beweis: Erstens wird von einer Reihe zufällig durch Ursache und Wirkung zusammenhängender Ereignisse auf ein notwendiges (also nicht zufälliges) und unbedingtes Etwas (Gott) geschlossen. Vom Zufall lässt sich aber nicht auf das Notwendige schließen. Zweitens verlängern wir die Kette der Ereignisse (die Dominosteine) bei diesem Beweis über die von uns erfahrbare Welt hinaus bis zu Gott, den wir nicht erfahren können. Das ist deswegen unmöglich, weil wir das Denken in Ursache und Wirkung immer auf die Gegenstände unserer erfahrbaren Umgebung beziehen müssen. Weil wir Gott nicht wahrnehmen können, können wir auch nicht sagen, er sei die Ursache von etwas.

© Illustration: Dorina Tessmann

1. Wählt ein bestimmtes Ereignis, z. B. dass ein Stift auf den Boden fällt oder ihr mit dem Fahrrad eine Vollbremsung machen müsst, und zeichnet das Ereignis in den ersten Dominostein. Zeichnet anschließend die Ursache für dieses Ereignis in den zweiten Dominostein usw. Alternativ könnt ihr das Ereignis auch benennen.
2. Stellt mündlich Vermutungen an, was auf dem hundertsten, was auf dem tausendsten, was auf dem zehntausendsten Dominostein als Ursache für euer Ereignis einzuzeichnen wäre.
3. *Wir philosophieren:* Diskutiert zu zweit, ob ihr irgendwann bei einer ersten Ursache landen müsstet.

Die Insel der Glückswürdigen und ihr Gott

Es ist (...) keineswegs verwerflich zu sagen: dass ein jeder Mensch sich einen Gott mache, je nach moralischen Begriffen sich einen solchen selbst machen müsse.

Zitat aus: Kant, Immanuel: Religion innerhalb der bloßen Vernunft (Werkausgabe Bd. VIII), hrsg. v. Wilhelm Weischedel. Frankfurt a. M.: Suhrkamp 1974, S. 846.

1. Entwerft eine Insel der Glückswürdigen, auf der nur brave und moralisch gute Menschen leben. Zeichnet diese Siedlung auf der Insel nach euren Vorstellungen und überlegt, welche Gebäude, Plätze, Wege, Felder etc. ihr auf der Insel errichten würdet. Diskutiert, ob es auf dieser Insel Geld und Eigentum geben sollte, ob ihr eine Polizei braucht, wer welche Arbeit verrichten soll und ob es Gesetze geben muss etc.
2. Stellt euch vor, ihr wärt ein übernatürliches Wesen, das Gedanken lesen und Glückseligkeit unter den Menschen verteilen kann. Bestimmt an der Tafel oder am Whiteboard die Kriterien, nach denen ihr Menschen glücklich machen würdet. Welche Einstellungen und Verhaltensweisen sind euch besonders wichtig, welche würdet ihr besonders mit Glück belohnen?
3. *Wir philosophieren*: Lest den Gedanken Kants und beschreibt den Gott, den sich die Bewohner der Insel machen würden. Ähnelt er euch?

III | Aufklärung, Kunst und Weltbürgerrecht

III.1: Biografie-Arbeit (KV 49)

III.2: Kant als Aufklärer (KV 50–57)

HINWEISE FÜR LEHRKRÄFTE

Das vorliegende Kapitel widmet sich der *Aufklärungsphilosophie Immanuel Kants*. Im Vordergrund stehen die Bemühungen des Königsberger Philosophen, die Menschen im 18. Jahrhundert zum Gebrauch der eigenen Vernunft zu motivieren. Die von Kant kritisierte „selbstverschuldete Unmündigkeit" des Menschen hat auch heute ihre Aktualität nicht verloren. Denn es ist manchmal bequemer, andere für sich denken zu lassen, als selbst zu denken.
Methodisch spielt die *Texterschließung* eine wichtige Rolle, da sich die Schüler/-innen verstärkt mit Originaltexten von Kant auseinandersetzen werden. Die Lehrkraft sollte darauf achten, vor der Textlektüre wichtige Begriffe zu klären. Hinsichtlich der Aphorismen ermöglichen die beigefügten Literaturangaben, bei Interesse der Lerngruppe weitere Textstellen im Original in den Unterricht zu integrieren. Zur Wiederholung des Empirismus, Rationalismus und des Kategorischen Imperativs können die Schüler/-innen die entsprechenden Seiten 44–48 bzw. 92–94 im „Grundwissen Philosophie" lesen (siehe im Anhang „Literatur zum Weiterlesen").

KV 49: Diese Kopiervorlage komplettiert die Biografie von Immanuel Kant. Die Lernenden können zunächst einige biografische Stationen von Kant wiederholen (vgl. **KV 1** und **KV 25**). Anschließend sollen sie die beiden erkenntnistheoretischen Richtungen der Philosophie – Rationalismus und Empirismus – wiederholen und sich dazu Stichworte notieren. Alternativ könnten auch Kurzreferate vergeben werden.

KV 50: Die Kopiervorlage präsentiert ein berühmtes Zitat von Immanuel Kant über die Aufklärung. Die Schüler/-innen sollen zunächst das Bücherfoto mit dem Aufklärungsgedanken in Zusammenhang bringen (Aufgabe 1) und anschließend das Zitat auf die Gegenwart anwenden: Was könnte Aufklärung heute bedeuten? Die Statements werden im Kurs ausgewertet und könnten auch in einer digitalen Präsentation auf die Homepage der Schule gestellt werden – 2024 ist das internationale Kant-Jahr.

KV 51: Der Originaltext von Kant soll von den Schüler/-innen mit drei Überschriften für die jeweiligen Sinnabschnitte versehen werden. Zunächst sollte der Kategorische Imperativ wiederholt werden (das moralische Gesetz in mir), bevor darüber diskutiert wird, warum er den Menschen ein „von der Tierheit unabhängiges" Leben ermöglicht (Aufgabe 2). Bei der Aufgabe 3 sollte in der Diskussion herausgearbeitet werden, dass der Kategorische Imperativ den Menschen ein selbstbestimmtes moralisches Handeln ermöglicht, so wie es Kant in seinem Aufklärungsgedanken fordert (siehe hierzu auch die **KV 50**).

KV 52: Diese Kopiervorlage stellt eine Fortsetzung der **KV 51** dar. Hier werden die drei Charakteristika des Menschen herausgearbeitet: Lebendigkeit (Verankerung in der Natur), Vernunft und Zurechnungsfähigkeit im Sinne von Bewusstsein bzw. Selbstreflexivität, die Kant Tieren nicht zugesteht (Aufgabe 2). Signalwörter in Bezug auf die Aufklärung sind Vernunft und Bewusstsein.

KV 53: Bei dieser Kopiervorlage sollte vor allem auch das Bild in die Freiheitsdiskussion mit einbezogen werden (Aufgabe 1). Der Text hat ein erhöhtes Anforderungsniveau. Kants Argumentationsgang ist der, dass die „verschiedenen Freiheiten" der Individuen einen allgemeinen Rahmen benötigen (vor allem der zweite Abschnitt), damit Freiheit nicht in Willkür ausartet (Aufgabe 2). Die Aufgabe 3 erfordert einen Transfer auf die eigene Lebenswelt: Die Schüler/-innen sollen sich über Situationen austauschen, in denen sie ihre eigene Freiheit zugunsten anderer eingeschränkt haben.

KV 54: Diese Kopiervorlage präsentiert ein berühmtes Zitat von Immanuel Kant zur Unmündigkeit. Es könnte im Zusammenhang mit der **KV 50** und Kants Aufklärungsmündigkeitsgedanken interpretiert werden. Die Schüler/-innen sollen anschließend selbst einen Gedanken zur Mündigkeit (möglichst mit aktuellem Bezug) präsentieren. Die verschiedenen Statements könnten anlässlich des 300. Geburtstages von Kant im Schulgebäude ausgehängt werden (Aufgabe 2). Die Aufgabe 4 problematisiert, warum Mündigkeit ein wichtiger Baustein des Menschseins ist.

KV 55: Diese Kopiervorlage bezieht sich direkt auf die **KV 54**. Die Schweizer Philosophin Ursula Pia Jauch stellt einen Bezug zwischen der Zeit des erstarkenden Nationalsozialismus und Kants Unmündigkeitsgedanken her. Die Lernenden sollen mit eigenen Worten wiedergeben, was die Autorin an der damaligen deutschen Gesellschaft kritisiert (Aufgabe 1). In Zusammenarbeit mit dem Geschichtsunterricht könnten hierzu noch einmal die Spezifika der Weimarer Republik wiederholt werden. Die Aufgabe 3 fordert die Jugendlichen auf zu überlegen, ob sich der Kantische Unmündigkeitsgedanke auch auf die aktuelle Gesellschaft übertragen lässt.

KV 56: Diese KV steht in einem engen Zusammenhang mit der **KV 55**. Kant charakterisiert in diesem kurzen Text, wie sich Menschen zu Knechten machen können. Die Schüler/-innen sollen sich dazu positionieren (Aufgabe 1). In der zweiten Aufgabe wird ein aktueller Bezug hergestellt: Welche Forderungen könnte Kant heutzutage für Deutschland oder auf internationaler Ebene stellen? Die Jugendlichen sollen direkt aus Kants Perspektive antworten.

KV 57: Zum Abschluss dieses Kapitels wird das eigene Verhalten aus Kants Perspektive betrachtet. Die Lernenden sollen das Phänomen der Gleichgültigkeit („Ist mir doch egal") als moderne Form der Kantischen Unmündigkeit bewerten. Bei der Aufgabe 2 sollte die Lehrkraft darauf achten, dass die Jugendlichen Beispiele anführen.

Endlich Professor!

© Shutterstock.com/volkovslava

Immanuel Kant bewarb sich bereits 1756 auf eine Professur für Philosophie, aber der König hatte zu diesem Zeitpunkt, da Preußen Kriege führte, kein Geld für die Metaphysik in Königsberg. Und so dauerte es noch bis 1770, ehe Kant, der sein Geld vor allem als Hauslehrer verdient hatte, ordentlicher Professor für Metaphysik und Logik wurde. Er hat die Stadt Königsberg zeit seines Lebens nie verlassen und Rufe an andere Universitäten abgelehnt. Auch geheiratet hat er nie. Bei einer seiner berühmten Tischgesellschaften soll Immanuel Kant gesagt haben, dass er als Student keine Frau ernähren konnte und als älterer Gelehrter keine Frau mehr gebrauchen konnte.

Im Jahr 1781 veröffentlicht Immanuel Kant seine wohl berühmteste Schrift „Kritik der reinen Vernunft“, an der er mehr als zehn Jahre gearbeitet hatte. Sie widmet sich der Erkenntnistheorie und untersucht die Gültigkeit, die Quellen und die Grenzen menschlicher Erkenntnis. Kants Erkenntnistheorie stützt sich auf die Vernunfterkenntnis des Rationalismus und die Erfahrungserkenntnis des Empirismus und kombiniert sie mit den Formen der Anschauung Raum und Zeit, wobei der Vernunft eine dominierende Rolle zukommt.

Die Vernunft hat auch in Kants zweiter großer Schrift, der „Kritik der praktischen Vernunft“ von 1788, eine wichtige Funktion. Sie steuert gemeinsam mit dem Willen des Menschen, der frei und autonom ist, das moralische Handeln. Dieses soll sich an dem Kategorischen Imperativ orientieren: „Handle so, dass die Maxime deines Willens jederzeit zugleich als Prinzip einer allgemeinen Gesetzgebung gelten könnte.“ Kant hat diese Maxime bis zu seinem Tod am 12. Februar 1804 befolgt: Die Pünktlichkeit seiner Spaziergänge jeden Tag um 19 Uhr waren in Königsberg legendär.

Rationalismus ____

____

Empirismus ____

____

1. Informiert euch über die erkenntnistheoretischen Richtungen des Rationalismus und Empirismus und notiert Stichworte dazu.
2. Erklärt, warum Kant eurer Meinung nach Rufe an andere Universitäten abgelehnt hat.
3. Projektvorschlag: Informiert euch auf der Homepage des ostpreußischen Landesmuseums in Lüneburg über die Kant-Ausstellung. Dort findet ihr auch zwei Videos: „Kant als Aufklärer“ und „Zum ewigen Frieden“ (Schrift von Immanuel Kant).

Was heißt Aufklärung?

© Shutterstock.com/Triff

Aufklärung ist der Ausgang des Menschen
aus seiner selbst verschuldeten Unmündigkeit.
Unmündigkeit ist das Unvermögen,
sich seines Verstandes ohne Leitung
eines anderen zu bedienen.
Selbstverschuldet ist diese Unmündigkeit,
wenn die Ursache derselben
nicht am Mangel des Verstandes,
sondern der Entschließung und des Mutes liegt.

Kant, Immanuel: Schriften zur Anthropologie, Geschichtsphilosophie, Politik und Pädagogik. Band 1. Frankfurt a. M.: Suhrkamp 2014, S. 53.

Aufklärung heute bedeutet ______________________________

____

____

____

____

____

1. Verständigt euch mündlich in Partnerarbeit darüber, was das Bücherfoto mit den Aufklärungsgedanken von Immanuel Kant zu tun hat.
2. Schreibt auf, was Aufklärung heute bedeuten könnte. Stichworte könnten zum Beispiel sein: Klimawandel oder *Fridays for Future*.
3. *Wir philosophieren*: Im Englischen heißt Aufklärung *Enlightenment*, im Französischen *Les lumières*. Erklärt, was die Aufklärung mit Licht zu tun hat.

Das neue Verhältnis des Menschen zur Welt

____

Zwei Dinge erfüllen das Gemüt mit immer neuer und zunehmender Bewunderung und Ehrfurcht, je öfter und anhaltender sich das Nachdenken damit beschäftigt: Der bestirnte Himmel über mir, und das moralische Gesetz in mir[1]. Beide darf ich nicht als in Dunkelheiten verhüllt, oder im Überschwenglichen, außer meinem Gesichtskreise, suchen und bloß vermuten; ich sehe sie vor mir und verknüpfe sie unmittelbar mit dem Bewusstsein meiner Existenz.

____

Das erste fängt von dem Platze an, den ich in der äußern Sinnenwelt einnehme, und erweitert die Verknüpfung, darin ich stehe, ins Unabsehlich-Große mit Welten über Welten und Systemen von Systemen, überdem noch in grenzenlose Zeiten ihrer periodischen Bewegung, deren Anfang und Fortdauer.
Das zweite fängt von meinem unsichtbaren Selbst, meiner Persönlichkeit, an, und stellt mich in einer Welt dar, die wahre Unendlichkeit hat, aber nur dem Verstande spürbar ist, und mit welcher (dadurch aber auch zugleich mit allen jenen sichtbaren Welten) ich mich, nicht wie dort, in bloß zufälliger, sondern allgemeiner und notwendiger Verknüpfung erkenne.

____

Der erstere Anblick einer zahllosen Weltenmenge vernichtet gleichsam meine Wichtigkeit, als eines *tierischen Geschöpfs*, das die Materie, daraus es ward, dem Planeten (einem bloßen Punkt im Weltall) wieder zurückgeben muss, nachdem es eine kurze Zeit (man weiß nicht wie) mit Lebenskraft versehen gewesen ist. Der zweite erhebt dagegen meinen Wert, als einer Intelligenz, unendlich, durch meine Persönlichkeit, in welcher das moralische Gesetz mir ein von der Tierheit und selbst von der ganzen Sinnenwelt unabhängiges Leben offenbart (...).

[1] Damit ist der kategorische Imperativ gemeint.

Kant, Immanuel: Kritik der praktischen Vernunft. Stuttgart: Reclam 2008, S. 232f.

1. Gebt den drei Abschnitten jeweils eine Überschrift. Vergleicht eure Ideen anschließend im Kurs.
2. Wiederholt den Kategorischen Imperativ. Erklärt anschließend, warum das moralische Gesetz den Menschen ein von der „Tierheit unabhängiges Leben offenbart".
3. *Wir philosophieren*: Was haben diese Gedanken von Kant mit der Aufklärung zu tun? Diskutiert darüber im Kurs.

Was den Menschen zum Menschen macht

Drei Anlagen des Menschen

Die Anlage für die *Tierheit* des Menschen
als eines *lebenden*;
für die *Menschheit* desselben als eines lebenden und zugleich *vernünftigen*;
für seine *Persönlichkeit* als eines vernünftigen
und zugleich der *Zurechnung fähigen*
Wesens.

Kant, Immanuel: Die Religion innerhalb der Grenzen der bloßen Vernunft. Stuttgart: Reclam 2017, S. 29.

1. Gestaltet eine Skizze zum Menschen, in der diese drei Anlagen zum Ausdruck kommen, z. B. einen Kopf mit Sprechblasen.
2. Frühere philosophische Theorien wie der Empirismus oder der Rationalismus haben die ersten beiden Anlagen des Menschen ebenfalls betont. Warum setzt Kant als Novum der Aufklärung die Zurechnungsfähigkeit, also das Bewusstsein, hinzu?
3. *Wir philosophieren*: Interpretiert diese drei Anlagen im Zusammenhang mit dem Aufklärungsgedanken von Kant (KV 50).

Weiterdenken: Freiheit braucht ein allgemeines Gesetz

© Shutterstock.com/Romolo Tavani

Eine jede Handlung ist recht, die oder nach deren Maxime die Freiheit der Willkür eines jeden mit jedermanns Freiheit nach einem allgemeinen Gesetze zusammen bestehen kann. Wenn also meine Handlung oder überhaupt mein Zustand mit der Freiheit von jedermann nach einem allgemeinen Gesetze zusammen bestehen kann, so tut der mir unrecht, der mich daran hindert; denn dieses Hindernis (dieser Widerstand) kann mit der Freiheit nach allgemeinen Gesetzen nicht bestehen.

Es folgt hieraus auch: dass nicht verlangt werden kann, dass dieses Prinzip aller Maximen selbst wiederum meine Maxime sei, d.h. dass ich es mir zur Maxime meiner Handlung mache; denn ein jeder kann frei sein, obgleich seine Freiheit mir gänzlich indifferent wäre, oder ich im Herzen derselben gerne Abbruch tun möchte, wenn ich nur durch meine äußere Handlung ihr nicht Eintrag tue. Das Rechthandeln mir zur Maxime zu machen, ist eine Forderung, die die Ethik an mich tut.

Also ist das allgemeine Rechtsgesetz: Handle äußerlich so, dass der freie Gebrauch deiner Willkür mit der Freiheit von jedermann nach einem allgemeinen Gesetze zusammen bestehen könne, zwar ein Gesetz, welches mir eine Verbindlichkeit auferlegt, aber ganz und gar nicht erwartet, noch weniger fordert, dass ich ganz um dieser Verbindlichkeit willen meine Freiheit auf jene Bedingungen selbst einschränken solle (...).

Kant, Immanuel: Metaphysik der Sitten. Stuttgart: Reclam 2011, S. 67.

Stichworte zum Foto ____

____

____

____

1. Betrachtet das Foto, und notiert euch Stichworte dazu. Diskutiert anschließend über die Frage, ob es einen Zusammenhang zwischen dem Foto und Kants Rechtsauffassung zur Freiheit gibt.
2. Begründet mit eigenen Worten, warum die Freiheit gesetzlich geregelt werden muss.
3. *Wir philosophieren*: Sprecht über Situationen, in denen ihr eure eigene Freiheit zugunsten anderer eingeschränkt habt.

Unmündig sein

Unmündig sein

Es ist so bequem, unmündig zu sein.
Habe ich ein Buch,
das für mich Verstand hat,
einen Seelsorger,
der für mich Gewissen hat,
einen Arzt,
der für mich die Diät beurteilt,
so brauche ich mich
ja selbst nicht zu bemühen.

Kant, Immanuel: Schriften zur Anthropologie, Geschichtsphilosophie, Politik und Pädagogik. Band 1. Frankfurt a. M.: Suhrkamp 2014, S. 53.

Mündig sein

1. Schreibt einen ähnlichen Gedanken wie Kant als Gegenposition mit dem Titel: Mündig sein.
2. Projektvorschlag: Hängt eure Ideen als Beitrag zum 300. Geburtstag von Kant im Schulgebäude aus.
3. Projektvorschlag: Interviewt Menschen in eurem Umfeld (Schule, Familie, Freunde). Fragt sie, was es für sie bedeutet, mündig zu sein. Gestaltet mit den Ergebnissen eine digitale Präsentation.
4. *Wir philosophieren:* Sprecht im Kurs darüber, warum es für Kant wichtig war, dass Menschen lernen, selbst zu denken und Entscheidungen zu treffen.

Kants Aufklärungsgedanke und Deutschland

Kant zeigt sich in der Aufklärungs-Schrift einmal mehr als subtiler Psychologe, der seine Pappenheimer kennt. Faul und feige sind sie, sie bleiben gerne zeitlebens unmündig und machen es den anderen leicht, sich zu Vormündern, Leithammeln, zu Führern, Diktatoren und Staatsratsvorsitzenden aufzuschwingen. Kants sozialpsychologisch weitsichtige Deduktion der Selbstentmündigung ist nachgerade zeitlos, blickt man auf die Paternalismen[1] der kommenden Führer-, National- und Sozialstaaten.

„Habe ich ein Buch, das für mich Verstand hat" – man denke an Hitlers von Abermillionen gekauftes, aber nur selten gelesenes Buch „Mein Kampf" –, „einen Seelsorger, der für mich Gewissen hat" – man denke an die schon 1933 gleichgeschaltete und dem Arierparagraphen[2] unterstellte protestantische Reichskirche – und so weiter. Genau dieses Kürzel „u. s. w." auf Seite 516 der Berlinischen Monatsschrift vom Dezember 1784[3] hat es in sich. Denn es enthält schon Rezeptur und Warnung vor dem kommenden deutschen Unheil. Habe ich einen Führer, dem ich folgen kann, „so brauche ich mich nicht selbst zu bemühen. Ich habe nicht nötig, zu denken, wenn ich nur (die Parteigebühren, die Steuern) bezahlen kann".

---

[1] Bestreben eines Staates, andere Staaten zu bevormunden. [2] Jüdische Kirchenbeamte wurden in den einstweiligen Ruhestand versetzt. [3] Dort erschien Kants Schrift „Beantwortung der Frage: Was ist Aufklärung" erstmalig.

Jauch, Ursula P.: Friedrichs Tafelrunde & Kants Tischgesellschaft. Ein Versuch über Preußen zwischen Eros, Philosophie und Propaganda. Berlin: Matthes & Seitz 2014, S. 213f.

In diesem Text kritisiert die Autorin ______________________________

1. Schreibt auf, was die Autorin im Zusammenhang mit Kants Aufklärungsschrift an der deutschen Gesellschaft des hereinbrechenden Nationalsozialismus kritisiert.
2. Führt eine Pro- und Kontra-Debatte darüber, ob ihr diese Kritik teilt.
3. *Wir philosophieren*: Lassen sich die Gedanken von Kant auch auf die heutige Zeit übertragen? Warum? Warum nicht? Arbeitet in der Diskussion mit Beispielen. Beachtet dazu auch die KV 56.

Werdet nicht der Menschen Knechte!

In seiner Schrift „Die Metaphysik der Sitten“ führt Immanuel Kant konkreter aus, was er unter Unmündigkeit versteht:

- Werdet nicht der Menschen Knechte.
- Lasst euer Recht nicht ungeahndet von anderen mit Füßen treten.
- Macht keine Schulden, für die ihr nicht volle Sicherheit leistet.
- Nehmt nicht Wohltaten an, die ihr entbehren könnt, und seid nicht Schmarotzer oder Schmeichler oder gar (was freilich nur im Grad von dem vorigen unterschieden ist) Bettler. Daher seid wirtschaftlich, damit ihr nicht bettelarm werdet.
- Das Klagen und Winseln, selbst das bloße Schreien bei einem körperlichen Schmerz ist euer schon unwert, am meisten, wenn ihr euch bewusst seid, ihn selbst verschuldet zu haben: daher die Veredlung (Abwendung der Schmach) des Todes eines Delinquenten durch die Standhaftigkeit, mit der er stirbt.
- Das Hinknien oder Hinwerfen zur Erde, selbst um die Verehrung himmlischer Gegenstände sich dadurch zu versinnlichen, ist der Menschenwürde zuwider, sowie die Anrufung derselben in gegenwärtigen Bildern; denn ihr demütigt euch alsdann nicht unter einem *Ideal*, das euch eure eigene Vernunft vorstellt, sondern unter einem *Idol*, was euer eigenes Gemächsel ist.

Kant, Immanuel: Metaphysik der Sitten. Stuttgart: Reclam 2011, S. 321 f.

Heutige Forderungen:

1. Diskutiert im Kurs darüber, welche der Kantschen Forderungen ihr teilt und welche nicht. Begründet euren Standpunkt.
2. Schreibt auf, welche Forderungen Kant heute stellen könnte. Diskutiert eure Ideen anschließend im Kurs und erstellt dazu eine digitale Präsentation.
3. *Wir philosophieren:* Kant kritisiert auch, dass *Untertänigkeit* und *Kriecherei* nicht mit der Menschenwürde vereinbar sind. Stimmt ihr dieser Auffassung zu? Begründet euren Standpunkt.

Gleichgültigkeit – die moderne Unmündigkeit?

© Shutterstock.com

1. Schreibt zu dem Bild eine Kurzgeschichte, einen Miniaturtext oder findet einen anderen künstlerischen Ausdruck. Tragt eure Ideen anschließend im Kurs vor.
2. Erklärt mündlich, warum Gleichgültigkeit ein Phänomen unserer Zeit ist. Arbeitet mit Beispielen.
3. *Wir philosophieren:* Interpretiert die Überschrift dieses Arbeitsblattes.

III.3: Kant und die weltbürgerliche Verantwortung (KV 58–63)

HINWEISE FÜR LEHRKRÄFTE

Im Mittelpunkt dieses Kapitels stehen Kants Ansichten zum *Frieden* und zur *Migration*. Beide Themen haben zurzeit angesichts des Krieges in der Ukraine und des Migrationsdrucks in der Europäischen Union eine große Aktualität. Deshalb können die Schüler/-innen als Projekt auch in der Genfer Flüchtlingskonvention recherchieren (vgl. **KV 59**), die auf den Ideen von Immanuel Kant aufbaut. Im Unterricht sollte darüber hinaus herausgearbeitet werden, dass Kant mit seiner Auffassung zum Gastrecht **(KV 59)** den Grundstein für die europäische Asylpolitik gelegt hat. Methodisch wird die *eigene Meinungsäußerung* geübt, die im Abitur ein großes Gewicht erhält.

Da das Thema Frieden in diesem Kapitel nur in Ansätzen thematisiert wird, empfehlen wir als Weiterführung im Unterricht u. a. zu den **Kopiervorlagen 58** sowie **62** und **63** das Modul „Zum ewigen Frieden" aus dem Buch: Barbara Brüning / Adele Grill (Hrsg.): Natur-Mensch-Gesellschaft. Module für den Ethikunterricht. Linz: Trauner Verlag 2022, S. 158–176. Dieses Modul hat auch einen aktuellen Bezug zum Ukraine-Krieg.

KV 58: Wir beginnen mit einer lebensweltlichen Erfahrung. Die Schüler/-innen sollen anhand eines eigenen Beispiels erklären, was es heißt, im Sinne Kants Verantwortung für ein friedliches Zusammenleben der Völker zu übernehmen. Die Ideen werden im Kurs ausgewertet. Auf jeden Fall sollte auch das Foto interpretiert werden.

KV 59: Die Kopiervorlage besteht aus zwei Teilen. Im ersten Teil geht es um Fragen der Ausreise aus einem Staat, die John Locke mit dem Verlust der Eigentumsrechte „bestrafen" möchte. Im zweiten Teil wird das Gast- und Besuchsrecht nach Kant, also die Einreise, thematisiert. Die entsprechenden Stellen in den Originaltexten werden angegeben, um eine vertiefende Textarbeit zu ermöglichen. Zum gesamten Text soll in der Aufgabe 2 eine Gedankenmontage durchgeführt werden: Ein Gedanke aus dem Text wird jeweils mit einem eigenen Gedanken verbunden. Der Projektvorschlag zu Aufgabe 3 wird in kleinen Gruppen realisiert. Dazu könnte eine Wandzeitung oder eine elektronische Präsentation gestaltet werden.

KV 60: Diese Kopiervorlage steht in engem Zusammenhang mit der **KV 59**. Sie stellt eine Anwendungsaufgabe dazu dar: Die Schüler/-innen sollen einen fiktiven Dialog zwischen Kant und sich selbst gestalten. Bei der Aufgabe 3 werden Kants Gedanken zum Asylrecht in einem kurzen Blog zusammengefasst.

KV 61: Wir setzen die Diskussion des Kantschen Asylrechts fort mit einem Text von Frank Dietrich. Er zeigt, wie die Kantschen Gedanken in die aktuelle Flüchtlingspolitik integriert worden sind, weist aber auch daraufhin, dass es kein völkerrechtlich verbindendes Menschenrechtsdokument gibt, das ein Recht auf Einwanderung in ein Gastland garantiert. Die Schüler/-innen sollen sich Gründe überlegen, warum die Völkergemeinschaft ein solches Dokument bisher nicht formuliert hat, z. B. wirtschaftliche Gründe (Aufnahmekapazitäten, Versorgungsprobleme), politische Gründe (nationale Interessen) usw.

KV 62: Der Text von Immanuel Kant stellt einige Anforderungen an das Lese- und Abstraktionsniveau der Schüler/-innen. Kant begründet darin, unter welchen Bedingungen er einen Krieg für gerechtfertigt hält. Der Text sollte zunächst mit eigenen Worten mündlich zusammengefasst werden, bevor sich die Schüler/-innen dazu positionieren und Argumente dafür und dagegen suchen. Nach der Auswertung der Argumente im Kurs (Aufgabe 2) sollen die Jugendlichen überlegen, ob sich mit Kants Gedanken auch humanitäre Interventionen der UNO rechtfertigen lassen. Die folgende Kurzdefinition kann als Kopiervorlage ausgeteilt oder in einem Kurzvortrag der Lehrkraft vorgestellt werden.

Kurzdefinition von humanitären Interventionen

Der Begriff „humanitäre Interventionen" stammt von Michael Walzer (geb. 1935). In seinem Buch „Erklärte Kriege – Kriegserklärungen" widmet sich der amerikanische Philosoph der Frage, unter welchen Bedingungen Kriege gerechtfertigt werden können.

Humanitäre Interventionen sind nach Ansicht von Michael Walzer nur dann zulässig, wenn eine „Ethik des Notfalls" vorliegt. Solche Notfälle können beispielsweise die Ausrottung bestimmter Ethnien oder religiöser Minderheiten wie der Jesiden 2015 in Syrien sein, oder die physische Vernichtung ganzer Völker und Staaten, wie 1994 in Ruanda, als das Volk der Tutsi von Hutu-Rebellen ausgerottet wurde. Durch das militärische Eingreifen „von außen" soll ein Tun beendet werden, das durch seine Brutalität das Gewissen der Menschheit schockiert. Michael Walzer weist darauf hin, dass humanitäre Interventionen auch internationale Befürchtungen und Unbehagen hervorrufen können, ob es moralisch zulässig sei, in anderen Ländern Gewalt anzuwenden. Deshalb sollten humanitäre Interventionen möglichst als UN-Missionen stattfinden und international abgestimmt werden.

KV 63: Zum Abschluss soll der Weltfriedenstag am 21. September in den Denkhorizont der Schüler/-innen gerückt werden. Der Sinn dieser Kopiervorlage besteht darin, nach Kants Ausführungen zum Krieg **(KV 62)** einen Friedensabschluss zu finden. Zunächst wird Kants Idee eines Weltbürgerrechts vorgestellt. Anschließend recherchieren die Jugendlichen zur Geschichte des Weltfriedenstages (Aufgabe 1). Danach skizzieren sie eigene Ideen, wie dieser Tag gefeiert werden könnte (Aufgabe 2). Aus beiden Aufgaben könnte eine schulöffentliche Präsentation gestaltet werden.

Verantwortung für die Welt übernehmen

© Shutterstock/Rawpixel.com

In seiner Schrift „Zum ewigen Frieden“ betont Immanuel Kant, dass die Völker lernen müssten, Verantwortung für ein friedliches Zusammenleben zu übernehmen.

Verantwortung für ein friedliches Zusammenleben bedeutet für mich:

1. Erklärt mündlich, was das Foto über Verantwortung für die Welt aussagt. Ihr könnt euch zunächst auf der Rückseite des Blatts Stichworte für die Interpretation notieren.
2. Erklärt nun schriftlich anhand eines Beispiels aus eurem Alltagsleben, was es für euch persönlich heißt, Verantwortung für ein friedliches Zusammenleben der Völker zu übernehmen. Tragt eure Ideen im Kurs vor.
3. *Wir philosophieren:* Diskutiert darüber, warum es wichtig ist, dass jeder Mensch Verantwortung für ein friedliches Zusammenleben der Völker übernimmt und dies nicht „denen da oben“ überlässt.

Migration in der philosophischen Tradition

© Shutterstock.com

Das Recht auf Ausreise

Auch wenn das Thema Migration erst im 21. Jahrhundert erheblich an Bedeutung gewonnen hat, liegen die Anfänge bereits in der Antike. Denn die Begegnung mit anderen Menschen gehört seit Jahrtausenden zu unserem Leben. Der griechische Philosoph Aristoteles (484–322 v. Chr.) bezeichnete den Menschen deshalb als „ein von Natur aus in Gemeinschaft lebendes Wesen", als *Zoon politikon*. Jeder Mensch, so Aristoteles, kennt als *Zoon politikon* die Erfahrung von Andersheit und Fremdheit, wenn er zum Beispiel in eine neue Gemeinschaft kommt. Auch Aristoteles machte diese Erfahrung. Er wurde in Stageira an der Ostküste der Halbinsel Chalkidiki geboren – und nicht in Athen. Deshalb betrachteten ihn die Athener zeit seines Lebens als einen „Fremden", der für sie nicht zu ihrer Polis-Gemeinschaft dazugehörte[1].

Während wir heute vor allem über Zuwanderung diskutieren, dachten Philosophinnen und Philosophen im 17. und 18. Jahrhundert innerhalb der Naturrechtstheorien, welche die Gleichheit aller Menschen vor Gott proklamierten, über das *Recht auf Ausreise* nach. So erklärte der englische Philosoph John Locke (1632–1704) in seinem Traktat „Zwei Abhandlungen über die Regierung", dass jemand, der einen Staat dauerhaft verlassen möchte, in seinem ehemaligen Staat kein Recht auf Eigentum an Grund und Boden mehr haben dürfe. Und wenn jemand einwandern wolle, so müsse er auch dauerhaft bleiben wollen. Hinter dieser Auffassung stand die Sorge, dass die nationale Integrität des bürgerlichen Staates durch unkontrolliertes Aus- und Einreisen in Frage gestellt werden könnte und unklare Eigentumsverhältnisse entstehen würden. Für John Locke war das Recht auf Eigentum eines der wichtigsten bürgerlichen Grundrechte[2].

---

[1] Vgl. Aristoteles: Politik. München 1998, S. 47–49.
[2] Vgl. John Locke: Zwei Abhandlungen über die Regierung. Frankfurt a. M. 1977, § 119 bis § 122.

Der Hauptgedanke des Textes ist für mich ______________________________

____

Besuchs- und Gastrecht nach Immanuel Kant

Mit dem Thema *Zuwanderung* hat sich auch Immanuel Kant in seinen „Überlegungen zum Weltbürgerrecht" beschäftigt. Er unterscheidet zwischen *Besuchs- und Gastrecht*. Staaten sollten einander das Besuchsrecht gewähren, damit Geschäfts- und Handelsbeziehungen ohne Hindernisse getätigt werden könnten und sich ein „gemeinschaftlicher Verkehr" zwischen den Staaten entwickeln könne. Auf das Gastrecht jedoch könne niemand ohne die notwendige Zustimmung der ansässigen Bevölkerung Anspruch erheben. Die Staaten seien jedoch nur dann befugt, einen Fremden abzuweisen, wenn dies „ohne seinen Untergang geschehen kann"[3].
Mit dieser Auffassung hat Immanuel Kant die Grundlagen für das heute geltende Asylrecht gelegt, das *Menschen vor physischer Vernichtung* in ihrem Herkunftsland *bewahren* soll. Kant hat mit seinem Weltbürgerrecht auch die Basis für die Genfer Flüchtlingskonvention aus dem Jahr 1951 geschaffen.

[3] Vgl. Immanuel Kant: Zum ewigen Frieden. In: Schriften zur Anthropologie, Geschichtsphilosophie, Politik und Pädagogik I. Frankfurt a. M.: Suhrkamp 2014, S. 213–215.

Die Gedankenmontage

a) Gedanke im Text: ____________________

____

Mein Gedanke: ____________________

____

b) Gedanke im Text: ____________________

____

Mein Gedanke: ____________________

____

1. Schreibt zunächst den wichtigsten Gedanken aus dem Textteil „Das Recht auf Ausreise" auf.
2. Führt nun eine Gedankenmontage zum gesamten Text durch. Ihr sucht zwei Gedanken aus dem Text in Form eines Satzes wortwörtlich heraus. Dann ergänzt ihr den Gedanken jeweils durch einen eigenen Gedanken, der inhaltlich dazu passt oder das Gegenteil ausdrückt. Vergleicht eure Ideen anschließend im Kurs.
3. Projektvorschlag: Recherchiert in der Genfer Flüchtlingskonvention, welche Rechte Flüchtlingen zugesprochen werden – siehe hierzu auch die KV 62.
4. *Wir philosophieren:* Erklärt, warum Immanuel Kant die Grundlagen des Asylrechts gelegt hat.
5. Projektvorschlag: Erarbeitet fächerverbindend mit dem Geschichtsunterricht ein Kurzreferat über die Geschichte des Asylrechts.

Fragen an Immanuel Kant

Ich: Herr Kant, warum haben Sie zwischen Besuchs- und Gastrecht unterschieden?

Kant: ______________________________

____

____

____

Ich: ______________________________

____

____

____

Kant: ______________________________

____

____

____

Ich: ______________________________

____

____

____

1. Gestalte einen Dialog zwischen dir und Immanuel Kant zum Besuchs- und Gastrecht (siehe hierzu auch die KV 59). Vergleicht anschließend in Partnerarbeit eure Ideen.
2. Gestaltet in kleinen Gruppen einen Dialog als Rollenspiel zwischen einem Philosophen / einer Philosophin und einem Bürger / einer Bürgerin: Jemand behauptet, dass Asylrecht habe nichts mit der Philosophie zu tun. Argumentiert u. a. mit Kant.
3. *Wir philosophieren:* Schreibt auf der Rückseite einen Blog zum Thema „Immanuel Kant und das Asylrecht".
4. Projektvorschlag: Gestaltet für die gesamte Schule eine Wandzeitung, auf der ihr den Beitrag Immanuel Kants zum Recht auf Asyl vorstellt.

Die Aktualität des Gastrechts von Immanuel Kant

© Shutterstock.com

Ein grundlegendes Recht, in das Hoheitsgebiet eines anderen Staates einzureisen und sich dort zeitweise oder dauerhaft anzusiedeln, ist bis heute in keinem völkerrechtlich relevanten Menschenrechtsdokument anerkannt worden. Wichtige Fortschritte für den Umgang mit Flüchtlingen haben aber das Abkommen über die Rechtsstellung der Flüchtlinge vom 28. Juli 1951 (Genfer Flüchtlingskonvention) sowie das Protokoll über die Rechtsstellung der Flüchtlinge vom 31. Januar 1967 erbracht. Die Genfer Flüchtlingskonvention beginnt in Art. 1 mit einer einflussreichen Definition, die den Begriff des Flüchtlings auf Personen beschränkt, die sich aus begründeter Furcht vor Verfolgung außerhalb desjenigen Landes befinden, dessen Staatsangehörigkeit sie besitzen. In der Folge benennt die Konvention eine Vielzahl von Rechten, die Flüchtlingen in ihren Aufnahmeländern zugestanden werden sollen, wie etwa der Anspruch auf Zugang zu elementaren Bildungseinrichtungen (Art. 22). Besondere Bedeutung kommt dem – bereits im Kontext des kantischen Weltbürgerrechts erwähnten – Refoulement-Verbot zu, das die Aus- oder Zurückweisung von Flüchtlingen untersagt, wenn damit die Bedrohung ihres Lebens oder ihrer Freiheiten einhergeht (Art. 33).

Dietrich, Frank: Ethik der Migration. Zur Einführung. In: Dietrich, Frank (Hrsg.): Ethik der Migration. Philosophische Schlüsseltexte. Frankfurt a. M.: Suhrkamp 2017, S. 15.

Gründe gegen ein verbindliches Recht auf Einwanderung:

a) ______________________________

____

b) ______________________________

____

1. Recherchiert im Internet zum World Refugee Day. Haltet dazu ein Kurzreferat.
2. Erklärt, warum es bis heute kein völkerrechtlich verbindliches Recht gibt, in das Hoheitsgebiet eines anderen Staates einzureisen. Notiert vor der Diskussion mindestens zwei Gründe.
3. *Wir philosophieren:* Stellt euch vor, es gäbe dieses Recht: Wie würde sich dann das Zusammenleben der Völker verändern? Schreibt dazu eine Geschichte oder einen Sachtext auf der Rückseite des Arbeitsblattes. Wertet eure Ideen im Kurs aus.

Weiterdenken: „Das weltbürgerliche Ganze“

Die formale Bedingung, unter welcher die Natur diese ihre Endabsicht[1] allein erreichen kann, ist diejenige Verfassung im Verhältnisse der Menschen untereinander, *wo* dem Abbruche der einander wechselseitig widerstreitenden Freiheit mäßige Gewalt in einem Ganzen, welches *bürgerliche Gesellschaft* heißt, entgegengesetzt wird; denn nur in ihr kann die größte Entwickelung der Naturanlagen geschehen. Zu *derselben* wäre aber doch, wenn gleich Menschen sie auszufinden klug und sich ihrem Zwange willig zu unterwerfen weise genug wären, noch ein *weltbürgerliches* Ganzes, d. i. ein System aller Staaten, die auf einander nachteilig zu wirken in Gefahr sind, erforderlich.

In dessen Ermangelung, und bei dem Hindernis, welches Ehrsucht, Herrschsucht und Habsucht, vornehmlich bei denen, die Gewalt in Händen haben, selbst der Möglichkeit eines solchen Entwurfs entgegen setzen, ist der *Krieg* (teils in welchem sich Staaten zerspalten und in kleinere auflösen, teils ein Staat andere kleinere mit sich vereinigt und ein größeres Ganze zu bilden strebt) unvermeidlich: der, (…), wo nicht zu stiften, dennoch vorzubereiten, und ungeachtet der schrecklichsten Drangsale, womit er das menschliche Geschlecht belegt, und der vielleicht noch größeren, womit die beständige Bereitschaft dazu im Frieden drückt, dennoch eine Triebfeder mehr ist (…), alle Talente, die zur Kultur dienen, bis zum höchsten Grade zu entwickeln.

[1] Die Endabsicht ist nach Kant die Kultur.

Kant, Immanuel: Kritik der Urteilskraft. Frankfurt a. M.: Suhrkamp 1981, S. 391f.

a) Argumente für Kants Position zum Krieg:

b) Argumente gegen Kants Position zum Krieg:

1. Fasst mit eigenen Worten mündlich zusammen, worin für Immanuel Kant das „weltbürgerliche Ganze“ besteht.
2. Notiert in Stichworten Pro- und Kontra-Argumente für Kants Position (a und b). Führt anschließend eine Pro- und Kontra-Debatte im Kurs.
3. *Wir philosophieren:* Lassen sich mit Kants Gedanken humanitäre Interventionen, wie zum Beispiel Blauhelm-Einsätze, rechtfertigen? Begründet euren Standpunkt.

Der Weltfriedenstag und wir

© Shutterstock.com/Pictrider

In seiner Schrift „Zum ewigen Frieden" hat Immanuel Kant die Völker aufgefordert, friedlich in einem Föderalismus freier Staaten zusammenzuleben. Dieses friedliche Zusammenleben sollte durch ein Weltbürgerrecht geregelt werden. Die Staatsmacht der einzelnen Staaten sollte darauf bedacht sein, „den edlen Frieden zu befördern, und, wo immer in der Welt Krieg auszubrechen droht, ihn durch Vermittlung abzuwehren".

Vgl. Kant, Immanuel: Zum ewigen Frieden. In: Schriften zur Anthropologie, Geschichtsphilosophie, Politik und Pädagogik I. Frankfurt a. M.: Suhrkamp 2014, S. 226.

Meine Aktion zum Weltfriedenstag

1. Projektvorschlag: Am 21. September wird der Internationale Weltfriedenstag gefeiert. Recherchiert dazu im Internet und haltet ein Kurzreferat.
2. Unterbreitet einen Vorschlag, wie ihr dazu beitragen könnt, am Weltfriedenstag eine Aktion durchzuführen. Notiert dazu Stichworte in der Umrandung. Wertet eure Ideen anschließend in kleinen Gruppen aus.
3. *Wir philosophieren*: Diskutiert darüber, ob und warum es wichtig ist, dass jeder Einzelne einen Beitrag zum Frieden leistet.

III.4: Das Schöne, der gute Geschmack und die Geselligkeit (KV 64–KV 70)

HINWEISE FÜR LEHRKRÄFTE

In diesem Kapitel stehen Kants Betrachtungen zum Schönen, zum guten Geschmack und damit verbunden auch Kants legendäre Tischgesellschaften im Mittelpunkt der Reflexion. Verdeutlicht werden sollten im Unterricht einmal Kants ästhetische Auffassung, dass das Schöne ein *interesseloses Wohlgefallen unabhängig vom persönlichen Geschmack* ist **(KV 66)**, und zweitens der *Unterschied zwischen freier und anhängender Schönheit*. Bei Letzterer hat der Gegenstand, der schön ist, wie zum Beispiel ein Rennpferd, noch eine bestimmte Funktion für den Menschen: Ganz so interesselos lässt sich die ihm anhängende Schönheit also nicht beurteilen **(KV 67)**. Den methodischen Schwerpunkt bildet die *phänomenologische Methode*: (Schönheit) beobachten, beschreiben, mit Erfahrungen und Beispielen arbeiten. Darüber hinaus sollen die Schüler/-innen für die Darstellung der Schönheit eigene künstlerische Ausdrucksformen finden.

KV 64: Diese Kopiervorlage stellt eine Art Einführung in Kants ästhetische Theorie dar. Darin wird der Zusammenhang zwischen dem Schönen und Erhabenen aphoristisch beschrieben. Die Schüler/-innen sollen eine Textstelle finden, die als Aphorismus fungieren könnte (Aufgabe 2) und danach selbst einen Aphorismus schreiben, der inhaltlich zu Kant passt (ausführliche Methode siehe nächste Seite).

KV 65: Diese Kopiervorlage stellt eine praktische Anwendung dar, als Vorbereitung auf Kants Theorie des interesselosen Wohlgefallens **(KV 66)**. Die Lernenden machen ein Foto von etwas, das sie schön finden, und kleben es in die Umrandung (Aufgabe 1). Anschließend werden die „schönen Fotos" angepinnt bzw. in einen Kreis gelegt und beurteilt. Daraufhin werden allgemeingültige Kriterien erarbeitet, die es ermöglichen, etwas als schön zu bezeichnen (Aufgabe 4). Diese Kriterien sollen anschließend mit Kants Position des interesselosen Wohlgefallens verglichen werden.

KV 66: Hier wird Kants Auffassung von Schönheit als interesselosem Wohlgefallen in einer leichter zugänglichen Version des spanischen Philosophen Fernando Savater präsentiert. In interessierten Lerngruppen kann anschließend auch Kants Text im Original gelesen werden (Buch und Seitenangabe siehe Aufgabe 1). Nach der Textlektüre sollen die Schüler/-innen begründen, ob das Foto im Sinne Kants als schön bezeichnet werden kann (Aufgabe 2); die Begründung steht in den ersten vier Zeilen des Textes.

KV 67: Der Text von Fernando Savater wird auf dieser Kopiervorlage fortgesetzt. Es wird zwischen freier Schönheit (ohne jede Funktion für den Menschen) und anhängender Schönheit (mit Funktion für den Menschen) unterschieden. In der Aufgabe 2 sollen die Schüler/-innen für beide Formen der Schönheit jeweils ein Beispiel finden. In der Aufgabe 3 beziehen sie Position dazu, ob sie Kants Differenzierung zwischen beiden Schönheitsformen überzeugt.

KV 68: Auf dieser Kopiervorlage wird eine kurze Geschmacksdefinition Kants vorgestellt. Die Lernenden sollen dazu je einen Gegenstand des Wohlgefallens (einen schönen Gegenstand) und einen Gegenstand des Missfallens (einen hässlichen Gegenstand) präsentieren. Die Ideen werden in Partnerarbeit mit dem Nachbarn oder der Nachbarin ausgesucht (Aufgabe 1). In der Aufgabe 2 werden auf der Rückseite des Arbeitsblattes kurze Definitionen des Schönen und Hässlichen erarbeitet und im Kurs verglichen.

KV 69: Diese Kopiervorlage präsentiert auf „vergnügliche Art und Weise" Kants Ansichten zur Eigenart verschiedener Völker, gemessen am Maßstab des Schönen und Erhabenen. Die

Schüler/-innen entscheiden zunächst schriftlich, ob sie Kants Ansichten auch heute noch zustimmen. Anschließend sollen die Statements im Kurs diskutiert werden.

KV 70: Zum Abschluss sollen sich die Schüler/-innen mit Kants Tischgesellschaften beschäftigen. Zunächst soll anhand des Bildes assoziiert werden, was das Besondere an diesen Tischgesellschaften gewesen sein könnte. Anschließend wird der Text von Ursula Pia Jauch gelesen. Zuvor könnte ein Kurzreferat zu Kants Tischgesellschaften und der Tugend der Pünktlichkeit bei Kant vergeben werden, das zur „Einstimmung" vor der Textlektüre gehalten wird. Danach ist das Vorstellungsvermögen der Jugendlichen gefragt: Sie sollen mit einem selbstgewählten künstlerischen Ausdruck eine moderne philosophische Tischgesellschaft skizzieren.

Didaktische Anregungen zum Umgang mit Aphorismen beim Philosophieren (u. a. **KV 64** und **KV 34**) – in Anlehnung an Joachim Detjen:
- den Aphorismus etwa 5–10 Minuten lesen und bedenken; eventuell auf der Rückseite des Arbeitsblattes Stichworte notieren
- Sinngehalt interpretieren (welches Problem wird von Kant angesprochen?)
- wichtige Begriffe des Aphorismus erklären
- mit Beispielen aus der eigenen Erfahrungswelt vergleichen
- einen eigenen Standpunkt zu dem angeführten philosophischen Problem formulieren
- gegenteilige Auffassungen zu dem formulierten Problem prüfen
- sprachliche Präzisierungen überlegen
- mehrere Aphorismen anderer Philosophinnen und Philosophen zum selben Problem finden und mit Kants Position vergleichen
- einen eigenen Aphorismus zu dem von Kant formulierten philosophischen Problem formulieren

Nach: Detjen, Joachim: Aphorismen im Philosophieunterricht. In: Zeitschrift für die Didaktik der Philosophie, Heft 1, 1990, S. 33–40.

Das Kolorit des Schönen

Verstand ist erhaben, Witz ist schön. Kühnheit ist erhaben und groß, List ist klein, aber schön. Die Behutsamkeit, sagte Cromwell, ist eine Bürgermeistertugend. Wahrhaftigkeit und Redlichkeit ist einfältig und edel, Scherz und gefällige Schmeichelei ist fein und schön. Artigkeit ist die Schönheit der Tugend. Uneigennütziger Diensteifer ist edel, Geschliffenheit (Politesse) und Höflichkeit sind schön. Erhabene Eigenschaften flößen Hochachtung, schöne aber Liebe ein. Leute, deren Gefühl vornehmlich auf das Schöne geht, suchen ihre redlichen, beständigen und ernsthaften Freunde nur in der Not auf; den scherzhaften, artigen und höflichen Gesellschafter aber erwählen sie sich zum Umgange. Man schätzt manchen viel zu hoch, als dass man ihn lieben könne. Er flößt Bewunderung ein, aber er ist zu weit über uns, als dass wir mit der Vertraulichkeit der Liebe uns ihm zu nähern getrauen.

Diejenigen, welche beiderlei Gefühl in sich vereinbaren, werden finden: dass die Rührung von dem Erhabenen mächtiger ist wie die vom Schönen, nur dass sie ohne Abwechslung oder Begleitung der letzteren ermüdet und nicht so lange genossen werden kann. Die hohen Empfindungen, zu denen die Unterredung in einer Gesellschaft von guter Wahl sich bisweilen erhebt, müssen sich dazwischen in heiteren Scherz auflösen, und die lachenden Freuden sollen mit der gerührten ernsthaften Miene den schönen Kontrast machen, welcher beide Arten von Empfindung ungezwungen abwechseln lässt. *Freundschaft* hat hauptsächlich den Zug des Erhabenen, *Geschlechterliebe* aber des Schönen an sich. Doch geben Zärtlichkeit und tiefe Hochachtung der letzteren eine gewisse Würde und Erhabenheit, dagegen gaukelhafter Scherz und Vertraulichkeit das Kolorit des Schönen in dieser Empfindung erhöhen.

Kant, Immanuel: Beobachtungen über das Gefühl des Schönen und Erhabenen. In: Gerhardt, Volker (Hrsg.): Kant zum Vergnügen. Stuttgart: Reclam 2003, S. 31f.

Aphorismus von Kant ____________________

____

____

____

Mein Aphorismus ____________________

____

____

____

1. Fasst die wichtigsten Gedanken aus dem Text mündlich zusammen.
2. Sucht einen Gedanken aus dem Text aus, der auch als Aphorismus fungieren könnte, und schreibt ihn auf.
3. Setzt anschließend einen eigenen Aphorismus hinzu, der inhaltlich zu dem von Kant passt. Vergleicht eure Ideen im Kurs.
4. *Wir philosophieren*: Charakterisiert auf der Rückseite des Blattes das Erhabene und Schöne, indem ihr für beide Begriffe ein Wortfeld eröffnet.

Was ich schön finde

1. Mache ein Foto von etwas, das du schön findest, und klebe es in die Umrandung.
2. Schreibe auf, warum du das, was du gewählt hast, schön findest.
3. Legt eure Fotos in einen Kreis oder pinnt sie an und diskutiert darüber.
4. *Wir philosophieren:* Welche Kriterien legt ihr zugrunde, wenn ihr von etwas behauptet, es sei schön? Sammelt die Kriterien an der Tafel oder dem Whiteboard. Vergleicht sie anschließend mit Kants Kriterien (KV 67).

Schönheit als interesseloses Wohlgefallen

© Shutterstock.com/nadia_if

(Nach Ansicht von Kant) ist dasjenige schön, was uns „ohne Begriff allgemein gefällt". Die beiden Merkmale sind wichtig. Zu sagen, dass eine Blume oder ein Gedicht „schön" ist, ist nicht dasselbe wie zu sagen, „Ich mag Pizza". Im ersten Fall meinen wir, dass die Schönheit in der Blume oder im Gedicht liegt und jeder sie sehen müsste, wenn er richtig hinsieht – also nicht nur aus unserer persönlichen und einzigartigen Sicht Bestand hat. Im zweiten Fall geben wir zu, dass es sich um eine Frage des persönlichen Geschmacks handelt und niemand verpflichtet ist, ihn zu teilen. Was Kant meint, wenn er sagt, dass das Schöne „allgemein" gefällt, ist nicht, dass wir tatsächlich alle dieselben Dinge schön finden, sondern dass wir nur das „schön" nennen, was unserer Meinung nach genügend Recht und Verdienst in sich selbst trägt, um von allen als schön angesehen zu werden. Dies fordern wir von keiner anderen Art des Geschmacks: Es wäre falsche Bescheidenheit, wenn ich sagen würden, dass etwas nur für mich selbst „schön" ist. Aber es wäre zulässig – wenn auch unzutreffend – meine Vorliebe für Pizza für einen originellen und höchst persönlichen Charakterzug von mir zu halten.

Fernando Savater, spanischer Philosoph

Savater, Fernando: Die Fragen des Lebens. Frankfurt a. M.: Campus Verlag 2000, S. 220.

Das Foto ist im Sinne von Kant schön, weil ______________________________

____

____

____

1. Sagt mit eigenen Worten, wie Kant Schönheit definiert. Lest anschließend den Originaltext von Kant in der „Kritik der Urteilskraft" des Suhrkamp Verlages auf der S. 168 nach (Quelle siehe KV 68).
2. Entscheidet schriftlich, ob ihr die Blumen auf dem Foto als schön bezeichnen würdet.

Freie und anhängende Schönheit

Nicht weniger interessant ist Kants Feststellung, dass das Schöne „ohne Begriff" sei. Nach Kants Auffassung ist ein Begriff das, was uns erlaubt, etwas unzweideutig zu erkennen. Zugleich bietet uns ein Begriff eine praktische Regel, um etwas zu konstruieren oder zu beurteilen. Nun können wir zwar begrifflich erkennen, dass dies hier ein Tagesanbruch oder jenes eine Kathedrale ist. Aber es fehlt uns eine bestimmende Regel oder ein Modell, die oder das zwingend festlegt, wann das eine oder andere das Attribut „schön" verdient. Nur Pedanterie oder sterile akademische Beflissenheit bringen uns dazu, Normen zu diktieren, nach denen manche Dinge als schön zu gelten haben, andere dagegen nicht, Kant geht sogar noch einen Schritt weiter und unterscheidet zwischen der im eigentlichen Sinne „freien" und der „anhängenden" Schönheit – auch wenn er uns zuvor sagte, dass der Inhalt jeder Art von Schönheit interesselos und frei sei. Die „anhängende" Schönheit ist die Schönheit jener Dinge, die in unseren Augen eine Funktion haben (sodass wir sie hinsichtlich ihrer „Vollkommenheit" beurteilen können): So „interesselos" wir ein Schloss oder ein Rennpferd ästhetisch würdigen, lassen sie sich doch nie völlig von dem lösen, „wofür sie gut sind".

Savater, Fernando: Die Fragen des Lebens. Frankfurt a. M.: Campus Verlag 2000, S. 221.

a) Beispiel für freie Schönheit: ______________________

____

____

____

____

a) Beispiel für anhängende Schönheit: ______________________

____

____

____

____

1. Unterscheidet in Partnerarbeit mündlich zwischen freier und anhängender Schönheit.
2. Gebt schriftlich je ein Beispiel eines Gegenstandes der freien Schönheit und der anhängenden Schönheit. Vergleicht eure Ideen im Plenum.
3. *Wir philosophieren:* Findet ihr Kants Unterscheidung beider Schönheitstypen überzeugend? Begründet euren Standpunkt.

Geschmack

Geschmack ist das Beurteilungsvermögen eines Gegenstandes oder einer Vorstellungsart durch ein Wohlgefallen oder Missfallen, ohne alles Interesse.

Kant, Immanuel: Kritik der Urteilskraft. Frankfurt a. M.: Suhrkamp 1981, S. 124.

Mein Gegenstand des Wohlgefallens: ______________________________

____

____

____

____

____

____

____

Mein Gegenstand des Missfallens: ______________________________

____

____

____

____

____

____

____

1. Beschreibt je einen Gegenstand des Wohlgefallens und des Missfallens im Sinne Kants, ohne jedes Interesse (siehe hierzu auch die KV 66/67). Vergleicht eure Ideen anschließend zu zweit.
2. *Wir philosophieren*: Schreibt auf der Rückseite des Blattes eine Definition des Schönen und Hässlichen im Sinne Kants, und verwendet die von euch beschriebenen Gegenstände dabei als Beispiele. Besprecht eure Definitionen im Kurs.

Über die Eigenart der Deutschen

Der Deutsche hat ein gemischtes Gefühl aus dem eines Engländers und dem eines Franzosen, scheint aber dem ersteren am nächsten zu kommen, und die größere Ähnlichkeit mit dem letzteren ist nur gekünstelt und nachgeahmt. Er hat eine glückliche Mischung in dem Gefühle sowohl des Erhabenen und des Schönen; und wenn er in dem ersteren es nicht einem Engländer, im zweiten aber dem Franzosen nicht gleich tut, so übertrifft er sie beide, insofern er sie verbindet. Er zeigt mehr Gefälligkeit im Umgange als der erstere, und, wenn er gleich nicht so viel angenehme Lebhaftigkeit und Witz in die Gesellschaft bringt, als der Franzose, so äußert er doch darin mehr Bescheidenheit und Verstand. Er ist, so wie in aller Art des Geschmacks, also auch in der Liebe ziemlich methodisch, und indem er das Schöne mit dem Edlen verbindet, so ist er in der Empfindung beider kalt genug, um seinen Kopf mit den Überlegungen des Anstandes, der Pracht und des Aufsehens zu beschäftigen. Daher sind Familie, Titel und Rang bei ihm sowohl im bürgerlichen Verhältnisse als in der Liebe Sachen von großer Bedeutung. Er fragt weit mehr als die vorige danach, was die Leute von ihm urteilen möchten, und wo etwas in seinem Charaktere ist, das den Wunsch einer Hauptverbesserung rege machen könnte, so ist es diese Schwachheit, nach welcher er sich nicht erkühnet, original zu sein, ob er gleich dazu alle Talente hat, und dass er sich zu viel mit der Meinung anderer einlässt, welches den sittlichen Eigenschaften alle Haltung nimmt, indem es sie wetterwendisch und falsch gekünstelt macht.

Kant, Immanuel: Beobachtungen über das Gefühl des Schönen und Erhabenen. In: Gerhardt, Volker (Hrsg.): Kant zum Vergnügen. Stuttgart: Reclam 2003, S. 65f.

Ich stimme Kant auch heute noch zu, ____________________

____

____

____

____

Ich stimme Kant nicht zu, ____________________

____

____

____

____

1. Schreibt auf, in welchen Punkten ihr Kants Charakterisierung zustimmt und in welchen nicht. Diskutiert anschließend im Kurs darüber.
2. Sprecht im Kurs darüber, ob sich die Einschätzung Kants auch heute, nach 300 Jahren, noch aufrechterhalten lässt. Achtet auf Begründungen.

Die ideale Tischgesellschaft

Kants „ideale“ Tischgesellschaft – wie Kant sie 1798 in der Anthropologie öffentlich macht – ist demnach ein geselliges Treffen unter Männern, die sich gegenseitig in der Konversation ästhetisch „vereinigen“ und „genießen“, sich folglich mögen, sich seelisch nahe und in Freundschaft verbunden sind. Nicht zu wenig Nähe, aber auch nicht zu viel. Die Krönung des geselligen Verkehrs unter Männern ist eine angenehme Munterkeit, die im „Spiel des Witzes“ und im gemeinsamen „Lachen“ die Mahlzeit beendet. Das Lachen selbst aber ist nicht einfach ein leeres Ausstoßen von Luft, sondern es wird, „wenn es laut und gutmütig ist, die Natur durch Bewegung des Zwerchfells und der Eingeweide ganz eigentlich für den Magen zur Verdauung, also zum körperlichen Wohlbefinden“ beitragen. Eigenartige Stelle: Kein Philosoph außer Descartes (der das Lachen im ersten Drittel des 17. Jahrhunderts nicht intentional, sondern aus der Mechanik des menschlichen Körpers erklärt) hat einen solch verdauungsfördernden Zugang zum Lachen. (...) Wir lernen: zum guten Essen gehört bei Kant auch die gute Verdauung, wie überhaupt eine gute Tischgesellschaft das Leben und seine Themen besser verdaulich macht. Ohne geistige wie körperliche Verdauung würde eine (tisch)gesellige *Art de jouir* einen wesentlichen Aspekt des menschlichen Wohlbefindens ausklammern: die möglichst zivilisatorische „Abführung“ von Themen, Energien, Emotionen, Bedürfnissen, Säften und Materialien in Diskretion und Verschwiegenheit.

Jauch, Ursula P.: Friedrichs Tafelrunde & Kants Tischgesellschaft. Ein Versuch über Preußen zwischen Eros, Philosophie und Propaganda. Berlin: Matthes & Seitz 2014, S. 248f.

1. Beschreibt anhand des Bildes und des Textes mündlich, welche Besonderheiten Kants Tischgesellschaft hatte.
2. Erklärt, warum Kant Wert auf die Verschwiegenheit seiner Tischgesellschaft legte.
3. *Wir philosophieren*: Wie würde heute eine Tischgesellschaft von Kant aussehen? Wählt eine künstlerische Ausdrucksweise und gestaltet diese moderne Tischgesellschaft auf der Rückseite des Blattes.
4. Projektauftrag: Recherchiert im Netz, welche Philosophinnen und Philosophen ähnlich wie Kant Tischgesellschaften in ihren philosophischen Salons eingerichtet haben.

Literatur zum Weiterlesen

SEKUNDARSTUFE I

- Roger-Pol Droit: Wie ich meiner Tochter die Philosophie erkläre. Hamburg: Hoffmann und Campe 2006.
- Jean Paul Mongin: Ein verrückter Tag im Leben von Professor Kant. Zürich-Berlin: diaphanes 2014 (Themen wie Vernunft, kopernikanisches Weltbild und Kategorischer Imperativ, eingebettet in eine Geschichte ab 12 Jahren).
- Markus Tiedemann: Prinzessin Metaphysika. Eine fantastische Reise durch die Philosophie. Hildesheim: Olms Presse 1999 (gegliedert nach den vier Kant-Fragen; zu Kant und dem kritischen Denken u. a. das Kapitel „Sapere aude", S. 33–56).
- Arnulf Zitelmann: Nur dass ich ein Mensch sei. Die Lebensgeschichte des Immanuel Kant. Weinheim: Beltz & Gelberg 2009 (ab 14 Jahren).

SEKUNDARSTUFE II

- Barbara Brüning: Immanuel Kant (Zitate). Leipzig: Buchverlag für die Frau 2022.
- Barbara Brüning: Grundwissen Philosophie. Berlin: Cornelsen 2013 (zu Kants Philosophie siehe die Seiten 50f., 92f. und 200).
- Barbara Brüning / Adele Grill: Natur-Mensch-Gesellschaft. Linz: Trauner Verlag 2022 (das letzte Unterrichtsmodul „Zum ewigen Frieden" beschäftigt sich mit Kants Vorstellungen, welche Bedingungen für einen Friedensschluss gewährleistet sein müssen. Es stellt eine wichtige Ergänzung zu den Kopiervorlagen 58 sowie 62 und 63 dar.)
- Manfred Geier: Kants Welt. Eine Biografie. Reinbek bei Hamburg: Rowohlt 2020, 4. Auflage (u. a. Aufklärung, S. 179–182; der kategorische Imperativ (das moralische Gesetz in mir), S. 223–255).

LINKS SEKUNDARSTUFE I

Wer war Immanuel Kant? Als Video auf youtube: „Wer war Immanuel Kant, in zwei Minuten erklärt" (u. a. Bezug zu den vier großen Fragen der Philosophie)

LINKS SEKUNDARSTUFE II

Audiodatei auf youtube: „Immanuel Kant - der Weltweise aus Königsberg"

Audiodatei auf youtube: „Kant: Aufklärung einfach erklärt (Abiturwissen)"

Audiodatei auf youtube: „Der Kategorische Imperativ von Immanuel Kant (Universalisierungsformel)"

Ratgeber und Praxishilfen

Kreative Impulse und konkrete Unterstützung

Lehrwerkunabhängige Materialien, die Sie im pädagogischen Alltag spürbar entlasten:

- **Ratgeber** zu allen aktuellen Themen rund um Ihren Unterrichts- und Schulalltag
- **Fachliteratur** zur Methodik und Didaktik – für angehende sowie für erfahrene Lehrkräfte
- **Methodenbücher**, (Lern-)Spiele und Rätselsammlungen – für Ihr Fach sowie fachübergreifend
- **Übungen** zum Wiederholen und Festigen von Inhalten
- **Kopiervorlagen** zu allen gängigen Lehrplanthemen, Kompetenzbereichen und für Vertretungsstunden

Online mehr erfahren:
crnl.sn/unterrichtshilfen